继续前进

李政林

一九九二年

继绝开新

作者读者编者回忆《文史哲》

周广璜 李扬眉 编

商务印书馆

2011年·北京

图书在版编目(CIP)数据

继绝开新：作者读者编者回忆《文史哲》/周广璜，李扬眉编.—北京：商务印书馆，2011.4
ISBN 978-7-100-08244-0

Ⅰ.①继… Ⅱ.①周… ②李… Ⅲ.①文史哲-期刊-史料-中国-现代 Ⅳ.①C55

中国版本图书馆CIP数据核字(2011)第054118号

所有权利保留。

未经许可，不得以任何方式使用。

继绝开新
作者读者编者回忆《文史哲》
周广璜 李扬眉 编

商　务　印　书　馆　出　版
(北京王府井大街36号　邮政编码 100710)
商　务　印　书　馆　发　行
三河市尚艺印装有限公司印刷
ISBN 978-7-100-08244-0

2011年5月第1版　　开本 880×1230　1/32
2011年5月北京第1次印刷　印张 8 5/8
定价：25.00元

前 言

20世纪50年代初,山东大学位于红瓦绿树、碧海蓝天的美丽的海滨城市青岛,这里名家荟萃,大师如林,学术氛围异常浓郁。为适应文科教学和科研的需要,加强学术交流,促进学术争鸣,1951年5月,在时任山东大学校长兼党委书记华岗先生的主持下,山东大学文学院和历史语文研究所的部分教师,共同创办了综合性的学术刊物《文史哲》杂志。诚如罗竹风先生所说,"《文史哲》的诞生绝不是什么偶然的,而是在当时山大学术空气浓厚的具体历史背景下合乎规律的事态发展"。这是中华人民共和国成立后创办最早、影响最大的高校文科学报和人文社科杂志。

《文史哲》创办之初是同人杂志,自办发行,校长华岗先生兼任杂志社社长,著名历史学家杨向奎为首任主编,山东大学文史两系的陆侃如、冯沅君、高亨、萧涤非、童书业、王仲荦、张维华、黄云眉、郑鹤声、赵俪生等知名教授则构成了最初的编辑班底。1953年3月,《文史哲》改由山东大学学报委员会编辑出版,正式成为"山东大学学报之一"。创刊60年来,《文史哲》一直以"百花齐放,百家争鸣"为办刊原则,摒弃门户之见,反对学霸作风,勇于引领潮流,推进学术争鸣,自觉地就一系列重大学术问题展开讨论和争鸣，为促进新中国的学术发展，作出了自己独特的贡献，在新中国学术史上书写下了至为辉煌的篇章。《文史哲》也以其特有的学术品格，被学界视为学术风向标之一，在海内外享有极高的知名度和美誉度。

《文史哲》始终坚持"扶植小人物，延揽大学者"的办刊宗旨，广交学界知名人士，广纳最新优秀成果，60年来，文、史、哲、政、经、法诸学科许多著名的学者都曾在《文史哲》上发表过他们的学术力作，给《文史哲》以大力支持。已过世和仍健在的一大批著名学者，是《文史哲》刊发了他们的处女作、成名作或代表作，如李希凡、李泽厚、庞朴、汝信等等。同时，也有不少崭露头角的青年学者，怀着极大信任把他们极富创新见解的处女作投寄给《文史哲》发表，伴随着新中国成长起来的著名学者大都在《文史哲》上发表过文章。《文史哲》因此而名重士林，驰誉中外，在数代读书人心目中享有不可忽略的地位。

《文史哲》不仅是学者们发表学术成果的重要阵地，也是几代编辑工作者辛勤浇灌的园地。自创刊以来，《文史哲》始终坚定不移地坚持走"专家办刊，学术立刊"之路，在综合性人文学科刊物的编辑工作方面造就了自己的优势，形成了自己的传统。编者采用新眼光、新方法，敢于支持创见，兼采百家之说，不鸣则已，一鸣惊人。《文史哲》因而长期吸引了大批忠实的读者，其发行量在期刊界一直遥遥领先，甚至一度创下邮局征订70余万册的惊人数字。读者对她的厚爱，于此可见一斑。

60年来，《文史哲》不仅书写了一段段的学林佳话，更将因其所蕴含的学术意义而载入史册。正如著名学者余英时先生说："《文史哲》杂志自问世以来即波澜壮阔,一展卷而数十年人文思潮之起伏尽收眼底。"诚哉斯言!

有鉴于此,在《文史哲》创刊 60 周年即将到来之际,特将相关文章结集成册,以资纪念。入选的这些文章,既有作者对《文史哲》的感受,亦有读者对《文史哲》的评说和期待,更有《文史哲》的编者们情真意切的回忆;既有往日之佳制,也有近期之新作。这些文字不仅披露了大量鲜为人知的学术史资料,而且也使我们从中感受到新中国学术的命运沉浮,更可见《文史哲》60 年的曲折历程。

编 者

2011 年 4 月 16 日

目　录

早期《文史哲》 …………………………………… 杨向奎 / 1
回忆《文史哲》 …………………………………… 吴大琨 / 4
发现人才　培养人才 ……………………………… 杨向奎 / 7
总结经验　继续前进 ……………………………… 萧涤非 / 11
回顾以往　激励未来 ……………………………… 罗竹风 / 14
感想和希望 ………………………………………… 蔡尚思 / 20
祝《文史哲》精神发扬光大 ……………………… 殷焕先 / 24
我所知道的《文史哲》 …………………………… 孔　繁 / 26
我所认识的《文史哲》 …………………………… 龙协涛 / 28
1973年《文史哲》复刊的回忆 …………………… 刘光裕 / 30
回忆早期《文史哲》杂志社社长华岗同志 ……… 葛懋春 / 53
华岗与《文史哲》 ………………………………… 刘光裕 / 58
回忆《文史哲》初期的王仲荦教授 ……………… 吴大琨 / 74
父亲与《文史哲》的复刊 ………………………… 刘晓东 / 77
回忆编辑工作中的二三事 ………………………… 龚克昌 / 84

丁冠之主编的为编之道 …………………………… 刘京希 / 90
我与《文史哲》 ………………………………… 韩凌轩 / 96

努力把《文史哲》办好 …………………………… 吴富恒 / 123
回顾与前瞻 ……………………………………… 吴富恒 / 131
几点希望 ………………………………………… 陈之安 / 134
《文史哲》与山东大学文科建设
　　——《文史哲》创刊50周年献辞 ………… 徐显明 / 136
《文史哲》的创刊与发展 ………………………… 吴富恒 / 152
传播人文知识　光大人文精神
　　——"人文精神与现代化学术研讨会暨《文史哲》
　　创刊50周年庆祝活动"开幕词 …………… 朱正昌 / 156
弘扬人文精神　处理三个关系 …………………… 季羡林 / 165
精益求精　更上层楼 …………………………… 张岱年 / 168
把握重大问题　繁荣中国学术 …………………… 何兹全 / 169
"百家争鸣"与学术创新 ………………………… 李希凡 / 171
感谢与期待
　　——我与《文史哲》五十年 ……………… 庞　朴 / 174
强化办刊意识　保证出版质量 …………………… 蔡德贵 / 177
学术质量，立刊之本 …………………………… 丁冠之 / 182
保持学术生机　不断创造佳绩 …………………… 龙协涛 / 186

学术为本　营造品牌 ……………………… 张耀铭 / 189

《文史哲》培养了我 ……………………… 李希凡 / 192
庞朴：感谢《文史哲》对我的教育和培养 ……… 辛珊达 / 196
我的选择 …………………………………… 李泽厚 / 200
李泽厚：智与美的历程 …………………… 刘彦　丁晨馨 / 208
《文史哲》与我的学术生涯 ………………… 郭延礼 / 210

《文史哲》为何受到特别关注？ … 路遥口述　胡孝忠整理 / 223
文科学报之王
　　——《文史哲》45 年风雨历程 ……… 李平生　赵爱国 / 226
《文史哲》：学术期刊的"常青树" ……………… 宋安明 / 234

附录一　政治与学术的互动
　　——20 世纪 50 年代的《文史哲》 …………… 蒋海升 / 238
附录二　学术期刊在政治运动中的命运沉浮
　　——以《文史哲》、《江海学刊》的停刊和复刊为例 … 王晓华 / 254

早期《文史哲》

杨向奎

《文史哲》杂志最初是同人刊物，它没有专职人员，只是由文史两系的教师兼任编辑，并由当时历史系和历史语文研究所的两位工人兼管后勤工作。当时这些热心的同志们都不懂出版发行等业务，第一期出版了，既然没有邮局或新华书店发行，我们如何发行，把它们卖出去？只好采用原始的办法，给全国各大学的朋友们寄出，请他们代售。这当然不是办法，连累了朋友，许多是他们自己拿钱买下，把钱给我们寄来。我记得郑鹤声先生对我说，这不是办法，他的朋友来信说这办法太原始了。

我们也没有经费，只是每人从自己工资中拿出一部分作为印刷费，还要付稿费，我们打不开销路，赔钱。到1952年，实在支持不下了，又不能停刊，这时山东省委统战部和青岛市委拨给我们二千万元（二千元），我们得以闯过难关，办下来了。1953年后，打开了销路，到1956年我们已经有上万元的盈余了。由此可见，没有党的支持是办不成事业的。

虽然是同人刊物，也是在党的领导和大力支持下逐渐壮大起来的。当时的"同人"热情高极了，一同跑印刷所去校稿，一切杂务都由"同人"办理，没有报酬，而且要拿出钱来付印刷费与稿酬。目标是：

（1）办好刊物，繁荣学术；

（2）培养学术人才；

（3）发现学术人才。

我们的目的后来慢慢达到了。《文史哲》曾发起多次学术辩论，而且通过辩论发现了许多年轻有为的人才，现在他们都是大名鼎鼎的学者了，这不需要我列举。

刊物的编者如同伯乐，在万马奔腾中能够识别良否不是容易的事，绝不能以名取稿，而要在平凡中发现珍奇。1952年后来稿多了，初选稿的要有识别人才的能力，无名氏的来稿也许还有缺点，不成熟，但它如果蕴含着一丝一毫的光芒，要采用它，这毫末的光芒可以蔚为奇观，我们千万不能忽视它而任其自灭。

我们不必列举早期《文史哲》的辛勤培育者，但对几位逝者我们永远不会忘记。华岗校长，自始至终是《文史哲》的培育者，他后来是社长更是责无旁贷了。当时童书业教授、卢振华教授、刘泮溪副教授和韩长经讲师，也都是这一刊物的爱护者。卢振华教授曾经为这一刊物到北京求援，跑邮局，跑印刷所，他都是积极参与者。陆侃如、冯沅君两教授的大作，更为《文史哲》添加了光彩。

1955年以后来了专职编辑季楚书同志，这时《文史哲》的销路稳定了，在社会上有一定的声誉和影响。基础巩固了，又出版了几本专题论文集，这是一种好做法，我想《文史哲》还可以做下去。

《文史哲》的发展是不平衡的，早期在历史学方面它比较活跃，比如历史分期问题、中国土地制度问题以及资本主义萌芽问题，它都曾展开讨论。接着对于《红楼梦》的讨论更引起一番全国性的论争，在哲学史上它也曾发表过引人注意的文章。近来《文史哲》编辑说，很少有这样轰动一时的文章了。但我以为《文史哲》还是有好文章的，几篇杜甫的文章，都有光芒，而且最近有关《聊斋志异》的评论文章也具有特色。近来大家因为厌恶"影射史学"而有躲避理论探讨的倾向，考据文章多起来，《文史哲》还是应当在理论探讨方面发挥作用，理论性不强的文章是没有灵魂的。

社会科学的刊物好像自然科学的实验室，没有刊物的学校与研究机关，研究成果无处发表，得不到学术界的评价和支持，这种成果也就永远得不到检验的机会，结果会枯萎了。可以说刊物是培育学术的泥土，没有刊物，就不会有学术的繁荣。

著名史学家顾颉刚先生一生办了许多种刊物也造就了许多人才。如今顾先生作古了，但他的事业犹新，人们怀念他在培育人才方面的贡献，人们怀念他在开创学派方面的功劳。《文史哲》的创刊虽和顾先生不相干，但《文史哲》的早期编辑中有他的学生们，这里面可以间接地看出他的影响。

末了，我祝《文史哲》繁荣昌盛。

(原载《文史哲》1981年第4期)

回忆《文史哲》

吴大琨

今年是《文史哲》杂志的创刊三十周年纪念,《文史哲》编辑部来信要我写些有关纪念《文史哲》创刊的文章,我感到"义不容辞",就马上提笔写了。回想起来,我在20世纪50年代初期之所以能到山东大学(当时在青岛)去工作过一段时间是和《文史哲》杂志的出版很有关系的。50年代初,我刚自国外工作回来,住在北京的一个招待所里听候组织上分配工作。有一天,我偶然去北京的东安市场闲逛,发现有一家书摊上竟然有新创刊的《文史哲》杂志出售,我一看才知道华岗同志正在山东大学任校长。华岗同志是我过去在国民党统治区里做地下工作时的老领导,解放后因我还在国外,不知道他在什么地方,这一下子看到《文史哲》,不仅找到了华岗同志的下落而且还看到了他的文章,真是使我喜出望外,于是马上把《文史哲》杂志初出的那两期都买了,带回招待所去,一边阅读一边就向华岗同志写了信,告诉他我已回国,现正住在北京招待所里听候分配工作,如果他需要我去工作的话,我是愿意去的。不久,我就收到了他的回信希望我去青岛山东大学工作,所以后来,中央领导上问我自己的工作意见时,我就提出了愿到青岛山东大学去的要求。中央同意后，我就到山东大学来工作了。当时山东大学还未办有经济系，华岗同志就要我先在历史系任教授，主讲政治经济学，同时也帮助杨向奎同志参加《文史哲》的编稿与写稿工作。当时为《文史哲》写稿是并无稿费的，我们都在紧张的讲课与备课之余，尽量挤时间出来为《文史哲》写稿，大家都劲头十足，从不感到是个负担。那时，因我是历史系的教授，所以就有幸能和山东大学原来在历史系任教的许多老教授经常在一起研究一些问题，使我对中国史、世界史上的问题都增加了不少知识。我从广义政治经济学的角度上研究一些中国历史上的经济问题就是从这个时期开始的。在这个时间内，我曾写过《与范文澜同志论划分中国奴隶社会与封建社会的标准问题》、《论前资本主义社会地租的三种基本形态》、《论地租与中国历史分期及封建社会的长期阻滞性问题》等好多篇我自己觉得还有些可供别人参考之处的文章，除第一篇是发表在北京的《历史研究》杂志上的以外，其余就都是发表在《文史哲》杂志上的。当时因《文史哲》杂志的提倡而引起国内学术界的重视展开了讨论的问题除中国历史分期问题外，就还有"红楼梦的时代背景问题"、"资本主义的萌芽问题"等好些问题，《文史哲》杂志当时的影响应该说是不小的。在贯彻执行党的"百家争鸣"这一方针上，也应该说是作出了成绩的。这些，我想都应该归功于当时山东大学党组织的领导，华岗同志的领导，以及所有当时在山东大学工作的同志们的集体努力。时间过得真快，一转眼，30年就过去了。在经过了一场"文化大革命"的灾难之后，再回过头来看当时的山东大学的《文史哲》就更加觉得有些事情很值得使人怀念。但仅仅怀念过去，当然也还是不行的，要紧的也还是要做好当前的工作，使80年代的山东大学和80年代的《文史哲》杂志能够办得比50年代的山东大学、50年代的《文史哲》杂志更好，更有生气……那么我们这些当年就和《文史哲》杂志有过关系的人又应该怎样呢？肯定，也还是应该除做好自己当前的本职工作之外，尽量再挤些时间为《文史哲》杂志做些工作，也就是写点稿子之类。如果，长篇大论实在没有时间写，那就随时写点短文章，一两千字的短文章，恐怕也总还是可以做到的吧。那么，我就用这么一篇短文章来作为我纪念《文史哲》三十周年的礼品，同时也作为我重新再为《文史哲》而努力写作的开端吧！

一九八一年四月二十四日北京
（原载《文史哲》1981年第4期）

发现人才 培养人才

杨向奎

"三十而立",《文史哲》已经创刊三十五周年,更加成熟了,它应该发挥更为广泛的作用。刊物是创造精神文明最有效的工具,对于人文科学、社会科学以及自然科学来说,它也是培养人才、发现人才最好的园地。《文史哲》在这方面,曾经做过有益的工作。五十年代初,全国解放不久,学术刊物不多,对于有才华的青年来说,缺乏发表著作的场所,而《文史哲》的创刊,起了一些补缺的作用。

我给《文史哲》编辑部韩凌轩同志的一封信中说,编辑是最有意义的工作,他可以培养人才,发现人才,对于中国的四化建设,作出直接的贡献。编辑是伯乐,千里马有待于他们的培养和发现。可以回想一下,现在在文科各方面有名的学者专家,当他们的青年时代,还在读书的时代,《文史哲》曾经是他们中间某些同志发表文章的场所。比如:

第一,关于《红楼梦》的讨论,《文史哲》在这方面起了推动作用,而发起者是两位山大的青年学生,当时编辑部之所以发表了这篇文章,主要是为了澄清《红楼梦》研究中一些含混不清的概念,后来发展成为政治性批判,是不恰当的,《文史哲》也是无从负责的。

第二,在哲学方面,我们引以自慰的是我们发现了一些有才华的青年哲学工作者,《文史哲》曾经是他们初期发表著作的园地。

在马克思主义哲学方面的阐述,《文史哲》是尽了绵薄之力的。

第三,在史学方面,《文史哲》发表的文章最多。在中国古代史分期的讨论方面,亚细亚生产方式的讨论方面,资本主义萌芽的讨论方面,土地制度的讨论方面,农民起义的讨论方面,《文史哲》都是最先发起者,而且都出了专集,撰稿者也多是青年。

是否可以说,以上几方面是《文史哲》的传统?有待于《文史哲》编辑部的总结。但我以为,一个刊物的编者应当起着伯乐的作用,以发现人才、培养人才为己任。对于文科来说,刊物有如理科的实验室,工科的实验工厂。没有刊物的文科,青年学者将无用武之地,经纶满腹止于满腹而已!我们设想,假使"五四"时代,北大没有《新青年》,会是什么样子,会有那样"伟大的创举"?会有我们的新文化?

我们不是拿《文史哲》来高攀,只是要说明刊物的作用。我始终在怀念我的老师顾颉刚先生,他是一位史学大师,也是一位善于编辑刊物的能手。我不知道顾先生一生办过多少刊物,但顾先生主编的刊物和我有关系的有两种:

第一是《禹贡》半月刊。它在中国历史地理学史上已经是一座丰碑了。在开始,这个刊物的撰稿者几乎都是在校学生。经过几年努力,它——《禹贡》——扶植培养了一个学派——"禹贡学派"。至今所有历史地理学中的诸大家、名家,几乎都是"禹贡学派"。

顾先生就是在学生的作业中选择稿件,凡是有一点见解或长处的文字都要刊登,差一点的经过顾先生加工然后发表。可以设想,一个青年学生,看见自己的文章在刊物上发表,会得到多么大的鼓舞。鼓舞增加了他们的勇气,长了他们的志气,然后加以栽培,没有不成材的道理。

第二是《责善》半月刊。这是抗战时期在成都办的刊物,投稿者也多是青年。《禹贡》和《责善》都和我有密切的联系。我可以说是《禹贡》的通讯员和校对者,虽然是业余,但是经常这样做。对于《责善》,我则是一个经常的撰稿者了。《绎史斋杂抄》就是这时期的产物。1942年夏,有一天晚间,顾颉刚先生和叶圣陶先生在一起散步时,看见了我,顾先生把我介绍给叶先生,叶先生说:"啊,这位就是《绎史斋杂抄》的著者?"我很高兴,因为自己的文章被名家看了而又得到肯定,感到莫大的荣幸和鼓舞!

我以为《文史哲》创刊后,在党的领导下,起到了繁荣学术和培养青年的作用。而这和当时山大的党员干部华岗校长和罗竹风教务长的大力支持是分不开的。华岗同志是马克思主义理论家、宣传家,也是一位学者,他每期的文章,都为《文史哲》增添光彩,而每期《文史哲》的付印都由他签字,他是最后的把关者,也是一位卓越的伯乐!罗竹风同志是一位渊博的学者,而又文风潇洒。他是老北大毕业,接受了蔡元培先生的治学传统,化"兼容并包"为"百家争鸣",他是老北大精神的一位优秀继承者。他对《文史哲》的工作也给予很大的支持。

新中国成立以来,50年代初期的建设是使人怀念的。如今80

年代,在党的领导下,我国全国人民正在从事四个现代化的建设。《文史哲》作为一个精神文明的传播者,希望它成为这宏伟事业中的一个坚强有力的成员。

1986年5月20日　北京
(原载《文史哲》1986年第5期)

总结经验　继续前进

萧涤非

我与《文史哲》的关系比较密切。起初，我是《文史哲》的主要撰稿人之一——我的《杜甫研究》就是在《文史哲》上连载的，后来，我又做了《文史哲》的编委会副主任。我是眼看着《文史哲》成长起来的。今年，《文史哲》创刊已三十五周年了，这也就是说，她该像人生的历程一样，已进入了中年期，应当有比较丰富的经验，可以把刊物办得更好些。

要办好《文史哲》，我以为，首先当然应依靠本校文科教师的力量。这一点是十分重要的。其实，《文史哲》创办本身，就是当年文科教师共同努力的结果。那时，数以十计的文科骨干教师，都是《文史哲》的热心发起者、组织者、撰稿者。他们写稿不取稿酬，有的甚至拿出自己的薪金，为刊物代付校外作者的稿酬，还无偿地承担刊物的审稿、改稿、校对、发行等一系列工作。靠着文科广大教师热爱刊物的一颗心，《文史哲》才得以顺利地降生和茁壮地成长起来。

有耕耘就会有收获。随着《文史哲》的创办和发展，文科广大教师也因有这个学术园地而使自己的科研成果得以及时发表，在国内外产生影响,同时也使自己得到进一步的锻炼和提高。在50年代,山大文科在全国高校中享有较好的声誉,与《文史哲》的创办是分不开的。今天,《文史哲》仍须本校文科广大师生的支持;同时,《文史哲》也应该更好地为本校文科师生服务,为他们的成长作出贡献。

《文史哲》还有个传统,就是注意团结依靠校外专家和广大作者。在50年代,国内知名学者王亚南、顾颉刚、周谷城、黄药眠、陈子展等等,都在《文史哲》上发表过文章。这对于提高刊物质量,促进校内外学术交流,推动本校科研工作的开展,起到了很好的作用。今后,《文史哲》还应发扬这个传统。

《文史哲》在50年代之所以办得有生气,还与当时能够及时地在文史研究范围内组织几次大讨论——如中国古代史分期、中国古代文学史分期、《红楼梦》研究的讨论——有很大关系。《文史哲》应该认真总结这个经验,坚决贯彻党的"双百"方针,密切注意学术研究动向,适时地提出一些学术界共同关心的问题来讨论。当然,在讨论中要注意方式方法,大家要本着自由平等讨论问题的态度,切防乱扣帽子,乱打棍子,切忌武断专横,以势压人,切戒讽刺挖苦,人身攻击。这一点很多人都有过切肤之痛,万万不能让这种扼杀学术的恶例重演。

最后我还想讲讲文风。这一点似乎不为人们所重视,以为学术性的文章可以不重文风,可以不尚文采。有些人甚至故意把文章写得十分艰深晦涩,让人看不懂。如一些理论研究文章,开口闭口亚里士多德、黑格尔,满纸新名词、新术语,令人读来头晕目眩,难于卒读。这种文风要不得。其实,学术性文章也应该讲究文风,注重文采。越是难懂的问题,越要写得使人容易懂。我们只能"以其昭昭,使人昭昭",而绝不应"以其昏昏,使人昏昏"。我们研究中国文学,就应面对中国文学实际,从现实中提出问题,并认真加以解决。引用外人的理论观点,引进新名词新术语,是为了更好地解决问题,而不是为了其他。《文史哲》的文风一向较为谨严,这是大家的看法。但似乎严肃有余而生动活泼不足,精彩的辞章更为少见。今后,望与作者共同努力,使读者阅读《文史哲》的文章,也能得到一种美好的艺术享受。

(原载《文史哲》1986年第5期)

回顾以往　激励未来

罗竹风

1949年6月2日青岛解放,山东大学也获得新生,校园内一片欢腾。由于地下党缜密地组织并部署了"应变"计划,进步师生员工同国民党反动派进行了坚决而又灵活的斗争,终于把山大完整地保存下来,使它安然回到人民的怀抱。

一提起山大的新生,不能不使我们缅怀华岗同志。记得是1946年7—8月间,他从香港回来,因铁路尚未修复,青岛市军管会主任向明留他暂住青岛,帮助山大工作。遵照中央指示:新解放区的高等院校开设两门政治课:一是社会发展史;二是新民主主义论。两门政治课都是全校性的大课,华岗讲社会发展史,我讲新民主主义论。此外,还学习毛泽东同志新发表的《论人民民主专政》。除政治学习外,还结合土地改革、抗美援朝、镇压反革命三项政治运动,山大人的思想觉悟迅速提高,很快地就和党的方针政策"合拍"了。这是不难设想的,在国民党暴政熬煎下,一旦解放,便释放出无穷无尽的活力,大家变成了社会的主人,理所当然地要充分发挥主人翁的作用了。

并不因为参加政治活动而停课,一切课程都照常进行,这也是广大师生所欢迎的。对于备课应考抓得很紧,我们深知,国家需要的大学毕业生不是一些只会说空话的庸人,而是学有专长、能够担负一定工作的有用人才。在解放初期,不因为参加政治活动就停止上课,采取了政治与学习两不误的方针;通过业务实践,仍然是知识分子改造和前进的必由之路。究竟怎样指引旧大学向新大学转化,对系科设施、课程配备等,必须进行必要而又可行的改革。当时山大只有个文史系,经过征求教师和同学们的意见,从实际出发,便把文史系分为中文系和历史系两个独立的系,并着手增聘知名学者来校任教。

以往综合性大学的历史系,在讲授世界史方面,多以欧美各国为中心,这显然是一种"偏枯"现象。我们感觉亚、非,特别是亚洲的周边国家必须引起重视,在世界史中占一定比重。因有许多困难,如教师缺乏,教材难编,没有完满实现;但这种设想还是正确的,而且也是不断向这一方面努力的。最难能可贵的,是在"一边倒"倒向苏联的情况下,新生的历史系设置了美国史这一新课程,由黄绍湘同志主讲,这在全国所有综合性大学历史系还是创举。中文系也增设了"鲁迅研究"课,由华岗主讲,并带出几位从事鲁迅研究的中青年教师,如刘泮溪、孙昌熙、韩长经等,在全国也是走在前列的。

《文史哲》的诞生绝不是什么偶然的,而是在当时山大学术空气浓厚的具体历史背景下合乎规律的事态发展。一个大学办得高下的标志:一看教学成就,二看科研成果;两者又是相辅相成,互为因果的。这样不难形成一种扎扎实实、埋头苦干的优良学风,教师学生的素质将不断得到提高,从而形成良性循环和人才辈出的优良传统。《文史哲》的创刊，正是起着推动教学、科研双丰收的桥梁作用。

《文史哲》这名字具有高度概括性，把刊物的性质明白无误地表达出来，一望而知它是一个人文科学方面的综合性期刊，文学、历史、哲学是三大门类，内涵极为广泛，几乎无所不包。它在当时是与北京的《新建设》、上海的《学术月刊》鼎足而三的；其中《文史哲》创刊最早，并兼有学报性质，这又是与其他两个刊物不同之处。一开始，它不是由学校当局主办的所谓"官方"刊物，而是由文学院的一部分教师自愿捐助，自力更生办起来的，而华岗同志资助尤多。

据我个人的记忆，1950年初春的一个夜晚，在华岗同志家里（青岛市龙口路40号）开过一次会，严格说起来也算不上什么会，不过漫谈聊天而已。参加的有陆侃如、赵纪彬、杨向奎、孙思白，还有高剑秋、张惠等人。是从《山大生活》谈起的，这是一个四开张的小报，由张惠、刘禹轩等主编，对教学改革、交流信息起了良好作用；但大家认为远远不够，还需要创办一个大型的学术刊物，这是青岛市的需要，更是山大的需要。以此作为"酵母"，又联系了一些教师，其中有童书业、冯沅君、萧涤非、赵俪生、王仲荦、刘泮溪、孙昌熙等，华岗同志还让我征求王统照的意见，结果大家纷纷表示同意，这样就"催生"了《文史哲》这个学术刊物呱呱坠地。

当然，《文史哲》筹备工作也并不是一蹴而就的，关于性质、内容、形式、刊期、编辑方针等都经过充分酝酿，才具有粗略轮廓的。当时并没有固定的编辑部，稿子由大家提供，编辑也由大家轮流执政，以孙思白同志出力最多。最初它完全像一个所谓"同人"刊物，后来也吸收外稿，逐渐发展成在全国享有盛誉的学术刊物。华岗同志那种坚忍不拔、持之以恒的认真态度，始终起着"核心"作用，也是值得我们永远怀念的。如果没有华岗同志，《文史哲》能否问世，那就是个未知数了。

《文史哲》创刊不久，《武训传》问题正在全国展开讨论，华岗同志让我写篇文章。这事曾和孙思白同志商量过，我们的意见是一致的：武训在特定的历史条件下，只是因为穷人不识字，难免上当受骗，他从个人经历中得出了教训，于是用自己可能办得到的方法，"化缘"凑钱创办义学，这应当说是好事，不能以现在的观点苛求古人。对任何人都不能超越历史的局限去"拔高"要求，必须以历史唯物主义的态度，实事求是地加以公正论断。根据这一主题线索，我写了一篇约三千字的文章，华岗同志看过，认为可用。但对武训的讨论越看越清楚，它变成了赤裸裸的政治问题，目的在于"钓鱼"。以后，江青借弄清宋景诗的面貌为名，曾去堂邑一带调查，醉翁之意不在酒，主要的是借武训搞陶行知。我有所觉察，临时把这篇文章抽了回来，这也可能避免了一场灾难。华岗同志也说，幸亏抽掉了；不然，对《文史哲》的成长将产生不利影响。

从此以后，我没有给《文史哲》写过一篇文章，俨然局外自居，这是不是原因之一呢？更主要的恐怕是我学无专长，不适宜于在学术刊物上献丑，只好保持缄默。

1951年初秋，华岗同志作为山大上任不久的校长，他应华东局和华东军政委员会邀请，曾到上海"述职"。陈毅元帅在一次宴请会上，曾盛赞《文史哲》开风气之先，各高等院校都应当仿效，他还语重心长地说：一个综合性大学就是要做到教学与科研并重，并随时将成果公之于众，而校刊、学报正是传播的最好工具。《文史哲》不断反映山大人文科学教学和科研的新成果，而它反过来又推动山大人文科学教学和科研的不断进展。这是事物内在发展的辩证关系，问题在于是否能够及时觉察，把自在之物转化成为我之物；也就是说，发现新事物于萌芽状态，扶持它得以茁壮成长。这也就是领导者的预见性，在这一方面，华岗同志是当之无愧的。

《文史哲》在风风雨雨中度过了三十五周年。在这漫长的岁月里，它登载了许多有分量、有价值的好文章，显示出自己的峥嵘头角，一直受到学术界的重视。它扬起风帆在惊涛骇浪中前进，但在"文化大革命"期间却走过一段下坡路，背离了学术刊物应有的性能，多年刊登一些"时髦"文章，而也正是最容易变成"明日黄花"的那些"批"字当头的胡言乱语。这是时代的悲剧，是无可奈何的！回顾三十五年来的历史，这不能不说是一个"谷底"。在黑云压城城欲摧的年代，天下滔滔者皆是也，又何独《文史哲》为然！

同时，在纪念《文史哲》创刊三十五周年时，我们也不能不联系到华岗同志在主持山大校政时的开拓精神。他的不幸遭遇也并不是个别人的，而是在一贯左倾路线笼罩之下所有知识分子的共同命运，华岗同志不过更加典型而已。新中国成立以来，不知有多少有识之士，仅仅因为是有真知灼见，不仅不被采纳，反而作为"异端"而打入十八层地狱！这一串名字中，有费孝通、马寅初、孙冶方等等，但真理是不以人们的意志为转移的。早春天气毕竟是有"余寒"的，人口膨胀的确给我国增加了不少麻烦，而有计划的商品经济也必然要充分发展，群众才能富有。真理的种子一经撒在祖国的土地上，经过阳光雨露，它便茁壮成长，任何人也是阻挡不住的。

现在我们正处于一个历史转折关头，在四化建设中不断出现新情况和新问题，这些都需要解放思想，独立思考，不断进行探索，才能掌握其纵横交错的相互关系，从而发现规律性的本质所在。中央提出要有一宽松、融洽、信任、团结的新局面，彻底贯彻"双百方针"，让知识分子具有理论勇气，打破禁区，敢于提出新见解和新论证，这是完全符合对内搞活、对外开放，把祖国建设成为高度民主、高度文明社会主义强国的战略方针的。

在这新的历史时期，《文史哲》必将承担新的开拓任务，以马克思主义的立场、观点、方法，在哲学社会科学理论领域大有作为。回顾以往，是为了更好地激励未来。这也是我写这篇纪念文章的唯一目的，但愿它是一个新的开端，以便加强同《文史哲》的联系。年代久远，记忆不一定可靠，还请老山大人不吝指教。

1986 年 6 月 12 日夜丙时
（原载《文史哲》1986 年第 5 期）

感想和希望

蔡尚思

今年是《文史哲》杂志创刊三十五周年。编辑部来信，约我写一篇纪念性的文章。我是很乐意这样做的。这是因为，我是《文史哲》的一个老读者，从它诞生之日起，就对它怀有很深的感情。

首先，我十分赞赏《文史哲》这个刊名。不仅因为它反映了文学、历史、哲学三门学科的内在联系，恰好也同我个人的治学历程有着相似之处。我的治学是从文学入手的，最早写的一本著作就是《青少年古文稿》。文学为我以后的长期治学打下了良好的基础。在长达数十年的治学生涯中，我坚持文史不分家，史哲相结合，以介于哲学与历史之间的文化思想史作为自己的研究重点。所以，"文史哲"三字，也可以说是概括了我的全部治学内容。正因为这样的缘故，当《文史哲》创刊伊始，我就十分喜欢它，并对它抱有很大的希望。事实证明，《文史哲》不负众望，在五十年代和六十年代初期以及当前这个时期，刊物办得颇有生气。三门学科的文章各有特色，又互相补充，互相渗透，对繁荣祖国的学术起了积极作用。当前，社会科学研究要面向改革，面向"四化"，更加要求加强各门学科之间的联系，加强交叉渗透，拓宽专业面，更新知识结构，发展综合科学。因此，希望《文史哲》进一步发扬文史哲不分家的传统，加强三门学科的综合研究，全面促进文史哲的发展和繁荣，使自己更加名副其实。

我对《文史哲》产生感情，还因为它的艰苦创业和为繁荣学术而献身的精神感动了我。要办成任何一件事，没有一点牺牲精神是不行的。《文史哲》的创办者们，正是具备了这一点精神的。《文史哲》于1951年创刊时，全国刚解放，大学复课还不久。随着经济建设的恢复和发展，文化教育事业逐步走向繁荣。这就迫切需要向人们提供学术交流的园地。当时我正在上海沪江大学任教，并担负着学校行政的领导工作，更深有此感。正当大家翘首以待的时候，山东大学历史语文研究所和文学院的一些老师们，在学校领导的支持下，以他们的勇气、魄力和富有牺牲的精神，在全国各大学之先创办了同人刊物《文史哲》。这是一种大胆的尝试。他们不计较个人的得失，不仅写稿不取报酬，而且还兼搞编辑、校对以及其他一切杂务工作，甚至拿出部分工资充作刊物的经费。这种艰苦办学术事业的精神，是难能可贵的。他们的高尚的风格，是值得称道的。在他们的努力下，刊物终于站住了脚。从1953年开始，《文史哲》由教师们的同人刊物，改成为山东大学的学报之一。实际上，它已超出了学校的范围，变成社会性的学术刊物，并且逐步地成为读者心目中有影响、有见地、有水平的优秀期刊之一。所以，我可以毫不夸张地说：《文史哲》在全国高等学校文科学报的地位上，是名列前茅的；在全国性哲学社会科学期刊的地位上，是具有较长的历史并有重大贡献的。我衷心希望《文史哲》的创业精神，能够继承下来，发扬光大，为繁荣祖国的学术作出新的贡献。

我以为,《文史哲》所以能够在社会上取得一定的声誉和地位,是同它坚持贯彻百家争鸣的方针分不开的。刊物初创时期,党的"百花齐放,百家争鸣"的方针尚未明确提出来。但是,《文史哲》一直坚持学术上互相商榷、自由探讨的学风,积极开展各种学术问题的讨论,并鼓励被批评者进行答辩,各种意见都可以发表,从不压制任何一家一派。尤为可贵的是,它既重视老专家、学者的作用,又不迷信"权威",注意扶植和培养中青年知识分子,不以名取稿,不轻易埋没具有见地的稿件。因此,刊物充满活力和生气。它对《红楼梦》问题的讨论曾引起全国性的争论,在历史学方面的讨论更加活跃,有关哲学史方面也发表过引人注目的文章,并发现和培养了一批新人。有人说,没有刊物,就不会有学术的繁荣。我以为,这只是问题的一个方面。有了刊物,不开展争鸣,也不会有学术的繁荣。这是问题更重要的另一个方面。百家争鸣是学术刊物的生命线。没有争鸣,刊物就没有生气,就失去了生命力。我希望《文史哲》保持和发扬自己的优良学风,真实的而不是点缀的,长期的而不是一时的,把党的"双百"方针坚持贯彻到底。如此,这个刊物就功德无量,前途无量了!

还应该指出的是,《文史哲》的编辑作风是严谨的。凡是刊物发表的文章,从内容到文字,直至一个注释、出处,都认真校勘,力求把错误减少到最低限度。这种一丝不苟的精神,不仅造福了当今读者,它也是对祖国文化和子孙后代具有高度责任感的一种表现。大家都知道,我国的校勘学向来是做得比较有成绩的。但是,说实在的,这里面也浪费了不少有才华的学者的青春和精力。他们本来可以去搞一些更有意义的学术研究,然而为了纠正前人著作中的谬误，包括文字和印刷上的错误，而花费了许多无谓的劳动。在这里，我丝毫无意贬低校勘学，但强烈要求提高出版质量。如果我们今天的出版物，包括刊物在内，也来个粗制滥造，内容乖谬，文字讹误，其结果，谬种流传，不仅危及当今，贻误"四化"大业，而且在几十年、几百年直至几千年后，将会给后人带来无穷的祸患。事实上，现在有的出版物一到人们的手里，就要校勘学来为它服务了。这实在是要不得的。

以上是我个人的几点感想，也可以说是几点希望，谨表对《文史哲》创刊三十五周年的纪念与祝愿。

（原载《文史哲》1986 年第 5 期）

祝《文史哲》精神发扬光大

殷焕先

我觉得有个《文史哲》精神存在，这就是严肃认真的精神。

《文史哲》是在新中国成立之初文化建设蓬勃向上之日诞生的，《文史哲》是在新中国成立之初全国如饥似渴学习马列主义、学习党的方针政策的热烈气氛之中诞生的。《文史哲》应盛世之运而降生，这是《文史哲》的荣幸。《文史哲》在当时是自觉到在党的领导下肩负着宣传教育的重任的，这就必然地油然而生严肃认真的精神。这，也使我们不能不钦服华岗同志的宏谟和罗竹风、杨拱辰诸同志的鸿略。我觉得，华岗同志首先是忠诚党的教育事业的党员和朴实无华平易近人的学人，然后才是我们心悦诚服的《文史哲》社社长。有了这样的具有远见的好社长，《文史哲》的大政方针定了，《文史哲》严肃认真的精神也定了。三十五年过去了，《文史哲》换了几任领导，换了几班执行常务的同志，仍然是自觉地认识到重任在肩，一切严肃认真，这是极其可贵的，这是极可庆贺的。

回想决定创办《文史哲》那一次会议是在我校青岛旧址文学馆二楼西角文学院和历史语文研究所的办公室举行的。讨论热烈，先明宗旨，而后是如何进行工作和初步分工等事宜，我觉得，会议是严肃认真的。记得《发刊词》委托赵俪生同志执笔,他写成后要求大家仔细审阅,他说,要是给人一个是同人杂志的印象就不好了。俪生同志意思是很显明的:要办成党的、人民的。俪生同志这句话和华岗同志常常提醒大家的"必须注意政治影响"的话,我直到现在还铭记在心。接着《文史哲》得到我省和青岛市各方面领导的大力支持,我当时是常务编委兼秘书,常和杨拱辰同志一道跑市里机关,跑邮政局,跑新华书店,跑青岛印刷厂,他们都给予热情支持。我们跑得很高兴,也是严肃认真精神鼓舞的。读者对《文史哲》也是爱护备至的,常常给我们提积极建议,我们也严肃认真地对待这些建议。这样,《文史哲》在各方面关怀下迅速成长壮大了。说两件小事吧:童书业同志的脾气是"不舍昼夜",为了审稿、撰稿有一次竟连续工作132小时,《文史哲》从不脱期,他是有功劳的;刘景农同志的脾气是"迂缓",校对最慢,但绝对正确,《文史哲》绝少错字,他是有功劳的。事虽小,严肃认真于此一斑可见。

目前,《文史哲》业务扩大了,人少事繁,但大家都体认到肩负特等重任,一切为振兴中华,一切为四个现代化建设,严肃认真的精神大甚于往昔!

鉴往所以开来,我不是在怀旧,我谈的是《文史哲》精神:严肃认真的精神。这也是山东大学的精神,这也是我中华民族得以屹立于世界民族之林的精神!

四化当前,祝《文史哲》精神发扬光大!

(原载《文史哲》1986年第5期)

我所知道的《文史哲》

孔 繁

我初读《文史哲》是在20世纪50年代，我在北大做学生时。那时《文史哲》因刊登山东大学出身的年轻学者李希凡、蓝翎评论《红楼梦》研究的文章，曾被毛主席称赞为支持"小人物"。毛主席是在赞扬《文史哲》和年轻学者在开拓马克思主义研究古典文学方面表现出非凡的勇气。当时我一下子便成为李、蓝文章的热情的读者。我为他们文章所具有的古典文学深厚功力所吸引，亦为他们文章优美通畅如同行云流水般旋律所感动。从那时起，我也开始深入阅读《文史哲》各期的文章，使我对萧涤非、陆侃如、冯沅君、高亨、童书业、王仲荦等山大文史大家产生崇拜之情。他们是《文史哲》的创办者和撰稿人。读他们的文章使我获得知识学问，他们各自的写作风格亦启发我得以窥探文章的奥妙。古人有云，读好文章如饮醇酒，令人陶醉。可以说，《文史哲》便是山大贡献给读者的醇酒。

《文史哲》因于"文革"初期未转载评《海瑞罢官》文章而招致厄运。经过长期停刊，于1973年秋天复刊。1974年春，我于北大调入山大，被分配到《文史哲》编辑部工作。与我同时调来的还有其他几位编辑。他们都是山大文史学科出身的有很深造诣的学者。因当时仍处"文革"期间，学术多有禁区。编辑部的同仁不可能也不敢有所作为。好在"文革"不久结束，拨乱反正开始。我亦于这时离开山大。

《文史哲》自创刊始，半个世纪以来，始终是背靠山大面向全国，它既是学报又是全国性刊物。它有山大强大的文史阵营作后盾，又得到全国文科学界的有力支持。它在综合性人文学科刊物的编辑工作方面造就了自己的优势，形成了自己的传统。可以说，改革开放以来，特别是近年来，《文史哲》编辑部在发挥优势继承传统方面所作的努力，更使刊物呈现出新的面貌。可以看到编者审视学术问题，于全方位和多视角均表现出深刻的洞察力，而能捕捉到好文章和新成果，使刊物更加充满时代气息。刊物的布局，宏观上注重学术的深入及其走向，给予人以规律性的启示；微观上注重新发现、新见解，而于小处见大，亦能予人以规律性的启迪。编者采用新眼光新方法，对于继承与创新、历史与现状、理论和实践，均着眼于科学性的诠释。敢于支持创见，不鸣则已，一鸣惊人。而于学术鉴别选择稿件又不偏执不偏窄。《文史哲》的这些长处，于近年的编辑工作中更得到充分的发挥。《文史哲》作为大型人文科学综合刊物，于近年更显示出规模了。它已成为信息时代一个重要的学术信息平台。规模宏伟，眼界开阔，它的分量愈来愈重了。

（原载《光明日报》2004年4月8日）

我所认识的《文史哲》

龙协涛

无论是在国内，还是在国外，可以找到知道《文史哲》而不知道山东大学的人，但恐怕很难找得出知道山东大学而不知道《文史哲》的。今天，这个20世纪50年代初诞生的新中国第一家大学文科学报，已经成为深具影响的涵盖文、史、哲的大型综合刊物。《文史哲》弥足珍贵之处，就在于能够保持著名刊物的荣誉，不断创造佳绩。这个佳绩就是成为荣获首届国家期刊奖的刊物，就是连续荣获第一届、第二届全国百种重点社科期刊。这里我要解释一下这两个奖项。我们现在的一些评奖评得比较乱，然而这两个奖项评得很严肃，很认真。一是程序严格，由各省市、部委推荐；二是受奖面很小，全国只有八九家学术刊物，高校学报700家只有2家，含金量很高；三是获奖后并不是终身的，这两个奖是每两年评一次。所以说《文史哲》取得这个成绩是非常不容易的。

《文史哲》所以历尽50年沧桑而不衰，所以能够不骄不躁与时俱进，当然离不开天时、地利、人和等诸种条件，这其中，既有学术前辈的精心呵护，又有学术中坚的鼎力参与，还有社会各界的大力支持。我认为，还有一个最重要的原因，就是《文史哲》具有一种崇高的学术追求，具有一个良好的办刊作风。多年来，特别是近几年来，《文史哲》摒弃门户之见，反对学界霸风，提倡百花齐放，推进学术争鸣，不断努力地向国内乃至世界一流学术期刊的目标攀登。这样一种学术追求，这样一种学术风范，是办好一个优秀学术刊物的最重要条件。《文史哲》编辑部的同志们，既是编辑，又是学者，不少是相关领域的学术权威，在学术界有很高的知名度，真正实现了"学者办刊"。正是由于有了这样的"学术内功"，《文史哲》才能够广交学术界知名人士，广纳学术界优秀成果，以她特有的学术见识和学术厚度而跻身于最优秀学术刊物之列。这一点，既是《文史哲》宝贵的历史经验，又是《文史哲》可以而且一定能在新世纪里再创新的辉煌的最重要条件。

要担当弘扬人文精神、繁荣学术的历史使命，广大人文社会科学工作者责无旁贷，而学术理论刊物更是责任重大，任重而道远。因为办好一本刊物，就是举起一面旗帜，它可以弘扬一种精神，推动一种社会思潮，倡导一种学风，团结和造就一批学人。《文史哲》走过的50余年光辉历程充分证明了这一点。

（作者为中国人文社会科学学报学会前理事长。
原载《光明日报》2003年9月25日）

1973年《文史哲》复刊的回忆

刘光裕

我在《文史哲》编辑部工作七八年,分两个阶段:第一阶段为1973年到1975年初,主要是主持《文史哲》复刊;第二阶段为1979年到1984年底,我从山东省委回山东大学,重新主持《文史哲》编务。我在《文史哲》工作时的社会环境,与现在已有天壤之别。当年受"以阶级斗争为纲"的影响,刊物处于风口浪尖上,我们动辄得咎,还有没完没了的检讨与检查,所以整天如履薄冰,提心吊胆。对我来说,这七八年过的是苦日子。十多年前,就答应北京友人以"我与《文史哲》"为题写回忆录。可是,"忆苦"未必"思甜",再加手头事情不断,总是半途而废。如今,要纪念《文史哲》创刊六十年,编辑部嘱我写点文字。我且把1973年复刊及相关事情,凭记忆记录于后,仅供参考。

一、全国十家综合性大学学报同时复刊
——《文史哲》复刊由山东省革委领导

1973年《文史哲》复刊时,山东大学在曲阜,不在济南。

1970年夏秋间，山东大学奉命一分为三：理科留在济南，改称山东科技大学；生物系合并到泰安的山东农学院；文科全部迁往曲阜，与曲阜师范学院合并，称山东大学。大概是1973年4月间，曲阜山大党委决定由校党委副书记李镇为《文史哲》编委会主任，校革委副主任吴富恒教授为编委会副主任，任命我为编辑部副主任，主持常务工作。吴富恒（1911—2001），河北滦县人，北京师范大学毕业后留学美国，在哈佛大学师从文学批评大师瑞恰慈教授；1942年回国，任云南大学教授；1950年，随华东大学合并到山东大学；"文革"前是山大副校长，人称"吴校长"；1973年，为校革委副主任。李镇，工农干部，初中文化，曾任《大众日报》副总编辑。《文史哲》编辑部成员，除我外，计划中的编辑部主任是在北京工作的山大校友丁伟志（未到任）。编辑有刘蔚华（代表曲师院）、孟繁海（未到任）、史学通、侯宜杰等。另外，调原来在编辑部工作的顾琴芬、宋桂芝两人立即回来工作。

借此机会，我想纠正当今传媒上误传的两个数字。"中国出版网""出版人物"栏有关我的介绍材料说："1973年初夏，全国16家学报同时复刊。山大《文史哲》为其中之一。刘光裕由山东省革委回山大后，被任命为编辑部副主任，全权负责复刊事宜。1973年10月，《文史哲》复刊号发行，以其富有学术色彩，征订数高达70多万份，为全国仅有。""1979夏，回山大；9月，再次出任《文史哲》编辑部主任；1983年，《文史哲》发行量增至3.3万份，高居全国同类刊物之首。"这些文字中，两个数字有些出入。其一，在我的记忆中，1973年复刊并公开发行的学报是10家，不是16家。这10家，都是直属教育部的综合性大学，没有师范大学，没有理工科大学。这10家，除山东大学外，还有北京大学、南开大学、复旦大学、南京大学、厦门大学、武汉大学、中山大学、吉林大学、四川大学。"中国出版网"的16家之说，不知是否另有根据。1966年"文革"开始后，全国学报都停刊了。1973年10家学报的复刊，是中央决定后通知学校的，并不是学校自己决定的，《文史哲》也是如此。1973年以后，公开出版的学报逐渐多了起来。"十年浩劫"的后期，全国的刊物以大学学报为多；学报以外的刊物，大都到"文革"结束后才恢复。其二，在我的记忆中，《文史哲》发行量增至3.3万份，好像不是1983年，应是1982年。这些事情，年代久远，记得的人越来越少。不过，仍有档案可查，并非不能弄清楚。

再回到《文史哲》复刊。山大党委为何任命工农干部李镇为编委会主任，吴富恒教授为副主任？《文史哲》创办时吴富恒就是副主编，1955年后一直是编委会主任。"文革"十年是非常不正常的特殊时期，全国"以阶级斗争为纲"，任何工作都必须走阶级路线，必须依靠工人阶级与贫下中农。李镇因为是校党委副书记，是工农干部，所以能做《文史哲》第一把手；吴富恒因为是教授，是"资产阶级知识分子"，所以只能做第二把手。这样的任命符合阶级路线，可是我的心里不能不犯嘀咕，今后业务问题该请示谁，听谁的意见呢？

《文史哲》停刊七年后复刊，许多工作必须从头做起。编辑部成员中，除刘蔚华一人很快报到，其他人要从外单位调进来，不可能很快。刘蔚华有一篇文章要写，暂时无法做具体工作。所以，做编辑工作的实际上只有我一个人。办《文史哲》，吴富恒本是驾轻就熟，胸有成竹，我只需跟着他做事就行。1973年，吴富恒62岁，我37岁。我们师生一老一少，很容易形成默契。首先是开座谈会，征求意见。主要是征求山大教师的意见，也在山东师院等校外单位征求意见。在听取意见的基础上，确定了办刊方针与复刊计划，并向山东省革委政治部汇报。这些事情要在当年的5月完成，否则就影响当年复刊。接下来的任务，是筹集文稿。充实编辑人员与建立编辑部工作秩序，只能与筹集文稿同时进行。我们的目标是，力争复刊号在第四季度问世，并在年底或年初将1974年第1期文稿送印刷厂。1973年余下的半年间，我必须拿到两期文稿；否则，复刊可能落空。千头万绪，哪一项都不能不做。困难真的很大，幸好复刊的人气很旺。山大文科自搬到曲阜以后，教职员工们一直闷闷不乐，听说《文史哲》复刊，无不欢欣鼓舞，希望借复刊恢复文科声誉，促进搬回济南。校内校外，支持复刊的人很多。校园里几乎人人都乐意为复刊做工作，有事请谁帮忙都可以。人心齐，泰山移。1973年我忙得天昏地黑，然而一路顺风，并不觉得太累。

　　研究办刊方针遇到的问题，主要是如何处理学术与大批判的关系。"文革"以来的文章，以大批判最吃香。当时，全国各省市都有专门从事大批判的写作班子，称"写作组"或"大批判组"。有些地委或大企业，也有大批判写作组。在座谈会上，多数老师希望办一个学术刊物。不过，有些人在会上会下提醒我们，不搞大批判恐怕不行。这提醒绝不是没有道理。"文革"以来，斯文扫地。为了求保险，求安全，大批判非搞不可。最后，吴富恒与我商量决定走中间路线。向省里汇报的办刊方针是我起草的，其中不乏极左语言，如："积极开展革命大批判，批判修正主义，批判资产阶级世界观,批判学科领域封、资、修的反动世界观"等。另外,坚持两个内容:其一,重申《文史哲》是"山东大学学报之一",是"综合性学术刊物";其二,公开倡言"双百"方针。办刊方针中说:"贯彻'百花齐放,百家争鸣'的方针和'古为今用,洋为中用'的原则。通过讨论和实践正确解决科学中的是非问题,认真树立无产阶级的新文风,为繁荣社会主义文化努力作出贡献。"上面两个内容,前者是刊物性质,后者是工作方针。

复刊工作的重要事项,如办刊方针、出刊计划、编辑部班子等,先经山大党委讨论通过,再经山东省革委政治部讨论通过后才生效。"文革"中的山东省革委,分政治部与生产指挥部。政治部管党务,相当于省委;生产指挥部管生产,相当于省府。《文史哲》复刊为何由省革委直接领导?其中原因,大概因为《文史哲》的社会影响大,另外可能与"最高指示"有关。1973年年初,毛泽东主席说:"有些刊物为什么不可以恢复?""学报不要光在内部搞,可以公开。"民间有一种传说是,毛泽东主席问起《文史哲》,才有了这"最高指示"。当年,"小道消息"满天飞,有真有假,很难弄清真假。5月的一天,山东省革委召开《文史哲》复刊会议,由政治部主任曹普南主持,与会者有宣传部长林萍、教育厅长丁方明、山东省出版总社社长谭天、济南市邮局负责人及其他有关领导,代表山大出席的是吴富恒与我。吴富恒汇报《文史哲》复刊计划后,讨论很顺利,复刊计划没有提不同意见就顺利通过了。曹普南当场作以下决定:一、《文史哲》复刊后暂定为季刊,一年四期;二、编辑部设在山大,由山大党委领导,编辑部经费由山大负责;三、刊物由济南新华印刷厂承印,印制经费由山东省出版总社负责;四、在全国公开发行,由济南市邮局负责。最后,曹普南说,省革委责成山大党委把《文史哲》认真办好,不要辜负毛主席的期望;有关部门要配合,大家努力做好这件事。因为由省里来领导复刊,曹普南主任在会上说了这些话,所以《文史哲》复刊后的印刷与发行都很顺利,没有遇到什么障碍。

复刊计划在省里顺利通过,我们非常高兴。在一片极左喧嚣中,我们办刊方针中有两个引人注目的地方:一是重申《文史哲》为"综合性学术刊物",另一是公开倡言"双百"方针。后来,我为复刊号写"编者的话",原文抄录复刊计划中这些话,仅在前后加了两小段衔接文字。1973年复刊的学报中,公开倡言学术刊物与"双百"方针者,唯我《文史哲》而已。

二、搞大批判还要办学术刊物
——在学术与政治之间走钢丝

"文革"中,刊物都有一个关乎生死存亡的大问题,就是必须为政治服务,主要是为大批判服务。"大批判",是"文革"中特有现象,今天已很难理解。"文革"时期,党政系统瘫痪了,以江青为首的"文革领导小组"执掌大权,呼风唤雨,什么都靠大批判开路。大批判的对象,或是"文革"当局认定的阶级敌人、革命对象之类,或是"文革"当局认定的敌对观念、异己思想之类,总之想批谁就批谁,想批什么就批什么。当年名闻全国的山西大寨经验中,有一条叫"大批促大干"。根据"文革"当局的诠释,"大批促大干"的哲学含义是精神变成物质,社会财富将因大批判而源源而来。"文革"当局搞大批判,全国报刊务必闻风而动;否则,就有大祸临头。舆论界跟着上面的指挥棒转,一窝蜂地搞大批判,谓之"舆论一律"。

不搞大批判,不为政治服务,等于自取灭亡,这是没有疑问的。不过,省革委批准的复刊计划规定《文史哲》是"学术刊物"。有这样一条根据,我与吴富恒商量,可以在为政治服务的前提下把《文史哲》办成学术刊物。从以后的结果看,既为政治服务,搞大批判,还想办学术刊物,好比白日做梦。可是在1973年,我与吴富恒真心实意想做这个梦。

其实,我对大批判还是比较熟悉的。党委遴选我做编辑部副主任,主要不是因为我的学问比别的老师好,而是因为我37岁已有18年党龄,另外还在省写作组工作过。"文革"中期,各省市纷纷成立写作组,撰写大批判文章。1970年夏秋间,山东省成立写作组,我第一批应召加入。山东省写作组以"路阳"为笔名,撰写大批判文章,全国报纸多次转载。我因为写过这种文章,知道其中的诀窍是善于上纲上线,可以不讲逻辑,不必占有充分材料。以前,我跟老师学的是科研文章,可能受了老师的影响,内心深处仍旧留恋科研文章。我从小就尊敬老师。大学老师虽然挨批了,老师的影响却挥之不去,想除也除不掉。人的思想有时候真的很奇怪,自己也捉摸不定。自从加入写作组,去北京写文章可以坐飞机,可以读省军级文件,我得到的优待与羡慕比以前任何时候都多,从"臭老九"真的是一步登天了。一步登天以后,又觉得梁园虽好,非我久留之地。一方面,心里窃窃自喜,洋洋得意;另一方面,又不甘心以此为业。犹豫的结果是在写作组待了两年,主动要求回山大。党委选择我,是因为我在省里搞过大批判;我不希望把《文史哲》办成大批判文集,也是因为自己搞过大批判。有些事情就是这样复杂,不可预料。

我与吴富恒都认为,《文史哲》必须是学术刊物;不是学术刊物就不是《文史哲》。因此,在为政治服务的同时,要避免成为大批判文集,避免成为时政刊物。所以,我必须小心翼翼地在学术与政治之间走钢丝,操弄平衡之术。这好像是悬崖边上的游戏,稍不留神就有可能跌入万丈深渊。省委一个朋友知道我去办《文史哲》以后,见面的第一句话就是:"你小子不要命了。"不过,我自以为对政治并不陌生,对操弄平衡之术信心很足。

1973年夏天,"批林批孔"风起云涌,行将成为席卷全国的大批判运动。所谓"批林批孔","批林"是批林彪,"批孔"是批孔子。我与吴富恒这样分析形势:现在各省都有写作组,网罗人才搞大批判。写批林文章,大学教师不如写作组;写批孔文章,写作组不如大学教师。再者,批林必以政治为重。文章内容以政治为重,非我山大所长,乃我山大之短。有鉴于此,《文史哲》不能不批林,但重点应该放在批孔上。批孔,并非今天才有,战国以来历代都有。以批孔为重点,既可以发扬山大以文史见长的特点,形成自己的特色,还可以避免搞成时政刊物。我说:"跟着'五四'运动再一次'打倒孔家店'吧,《文史哲》只能如此。"吴富恒是谦和长者,他赞同我对形势的分析,很快形成统一意见。

复刊号内容,根据当时的形势,我们决定以批孔为重点,以《红楼梦》研究为次重点,在山大校内与校友之间展开组稿工作。

最终的复刊号上,历史一栏有批孔文章七篇,作者有高亨、刘蔚华、董治安、刘炎等。这一栏篇幅最大。文学一栏有《红楼梦》研究两篇长文,一篇是李希凡的《〈红楼梦评论集〉三版序言》,另一篇是袁世硕、李志宏、龚克昌三人合写的《〈红楼梦〉第四回是全书的总纲》(署名袁宏昌)。另外,还有一篇是文字学家蒋维崧教授所写研究汉字简化的文章。时政文章三篇,大约占十分之一的篇幅。

1973年5月份作计划,争取该年10月出版,稿子必须在6、7、8三个月之内凑齐。从约稿到审稿、定稿,这些工作靠我一个人无论如何也完不成。好在山大校内几乎人人都乐意为复刊做工作,编辑部有事请谁帮忙都可以。像高亨、李希凡的文章,是由袁世硕、董治安两人赴北京约稿定下的。《文史哲》封面,是临时请历史系老师祝明精心设计的。还有中国科学院历史研究所刘炎等人的一篇批孔文章,是政治系老师臧乐源在山大员工赴北京"上访"时,主动代我约来的。关于这次北京"上访",涉及山东大学一分为三以后的重新合并,以及李希凡写"内参"之事,故而多说几句。

1973年3月,邓小平复出。1973年,对山东大学来说也是值得庆贺的一年。这一年,不仅《文史哲》复刊,更重要的是中央领导在李希凡写的一篇《人民日报》"内参"上,作了山东大学在济南恢复1970年以前建制的批示。换句话说,曲阜的山大文科与泰安的山大生物系都可以回迁济南了。闻讯以后,曲阜的文科与泰安的生物系联合组成"山大员工代表上访团",赴济南、北京"上访",目的是督促领导迅速实现搬迁,在济南恢复山大原建制。时间好像是8月间,天气还比较热。我记得上访团成员有:政治系田玉良（上访团团长）、政治系臧乐源、历史系胡汶本、外文系唐海、中文系曾繁仁、生物系钱新民、校团委张泰兴、《文史哲》编辑部刘光裕等。这次上访是学校党委批准的，事前与山东省革委政治部、国家教育部（时称科教组）打过招呼，上访过程一切顺利。

在北京上访期间，我主要为《文史哲》复刊拜访校友。首先，到王府井大街的人民日报社看望李希凡。前一年，即1972年的年底，我出差到北京，住在离人民日报社不远的商务印书馆大楼。一天下午，我到人民日报社"告状"，好像与一同出差的龚克昌一起去的。在会客室，我求见李希凡。我与李希凡只是见过面而已，因为他是校友，所以一见面就大声说："我要反映山大文科下放曲阜的情况。"李希凡一听，马上说："让何匡同志来一起听听。"他很快把何匡叫到会客室来了。何匡（1915—1999），理论家，延安抗大出来的革命老干部，在青岛山大做过党委副书记，后来是《人民日报》理论部主任。我读书时在山大学生会工作，与何匡有过几次接触；1971年，我又随山东省写作组的孔阶平到人民日报社拜访过何匡和王若水、汪子嵩。我与何匡比李希凡还熟一些，说话不必拘束。我告诉他们，山大文科下放到曲阜，与曲师院合并，这样山大文科实际上就不存在了，就完了。曲阜师院培养中学师资，与山大文科的路数不一样。曲阜地方闭塞，交通不便，不宜办综合性大学的文科。现在，曲阜的教室、宿舍都不够用，图书堆在纸箱里，没有地方上架；老师没有房子住，家在济南的老师都想调走。在曲阜，看病要走三里路，没有公交车；冯（沅君）先生到曲阜后，水土不服，腹泻一直不好；山大文科老先生多，可能有不少要死在曲阜了。将山东大学一分为三，是根据林彪1970年的一号命令；现在林彪死了，一号命令挨批了，山大应该恢复。听我说完，李希凡对何匡说，他在曲阜的山大同学也在信中讲过这些。性格爽朗的何匡率先提议："老李，你写个'内参'吧。"接着，他们讨论"内参"的事，我不宜在场，便告辞离开。

"内参"，是《人民日报》、新华社所写的一种供中央领导阅读的内部材料，范围限于省军级，我在省写作组偶尔见过。对于山东大学一分为三，山大员工用各种方式表示反对与不满。政治系臧乐源编了不少顺口溜，流布校内外，其中一首是："山东大学一拆三，济南曲阜与泰安，理工文史乱了套，请问这是啥路线？管它路线不路线，反正老子说了算，小民百姓何需齿，醉死不认这酒钱。"我向李希凡"告状"，最大愿望就是写"内参"，这也是山大员工的共同期望。何匡提议李希凡写"内参"，因为他是众所周知的山大学生，是《文史哲》培养的"小人物"，以他这种身份写"内参"，向中央领导反映山东大学的情况，比较合适。李希凡一听我说要反映山大的情况，就把何匡叫来，看来他们早已有所考虑。后来，李希凡果然写了"内参"，这件事我想何匡也是起了作用的。山东大学一分为三以后迅速恢复原建制，这是校内校外有关人士共同努力的结果，其中以李希凡写"内参"的功劳最大。这一次，我与外文系的唐海一起去人民日报社，一来代表我们"上访团"向李希凡表示感谢之意，二来向他介绍《文史哲》复刊情况，征求他的意见。此外，我还到《红旗》杂志找山大中文系同学胡锡涛，介绍复刊情况，征求意见；还到光明日报社等单位拜访同学，征求意见。

在北京"上访"期间，臧乐源在中国科学院历史研究所碰见山大历史系毕业的刘炎，得知他和另外两个人合写一篇批孔文章，文字太长，报纸不好发。臧乐源向我介绍了题目与内容以后，我请他把刘炎的文章马上拿来。这样，我的批孔文章就全部凑齐了。

从北京回来，正碰上公布党的第十次全国代表大会文件，我急忙组织政治系老师赶写两篇学习十大文件的时政文章。全部文稿于9月下旬编委会通过，接着从曲阜到济南发稿，这就是1973年第1期《文史哲》，1973年仅此一期，也称"复刊号"。按照山东省革委关于《文史哲》的决定，印制经费由山东省出版总社负责，所以刊物的定价是我与省出版总社的谭天社长共同商定的。当时，一个印张的价格为六分钱，《文史哲》六个半印张为三角九分，加封面一分，定价四角。在我记忆中，"文革"中学报的定价，以《文史哲》为高。

三、出乎意料
——邮局征订70万

根据山东省革委政治部决定，济南市邮局将《文史哲》发行工作作为一项大事来抓。我发稿完毕，邮局就往全国各地发征订单；征订单上特地印上《文史哲》复刊号的重要目录与作者。汇总全国各地邮局的征订数字，直线上升，很快就达70万份。我一听70万就着急了，对邮局说："你们闯祸了！"马上要求停止征订。以后，邮局不再向我汇报新的征订数字，实际上大概超过70万份。

征订70万，我应该高兴，为何反而着急？因为《文史哲》印多少，编辑部或出版社说了不算数，要经省委宣传部批准才行。曹普南在会上有句话："这一期，你们印一两万试试。"一两万与70万，相差太大。我对邮局发行科长说：纸张太紧张，即使有纸，山东也不可能给《文史哲》印70万份。这位瘦高个的发行科长不断地向我诉苦，说邮局已经收了钱，退订工作很难做；新疆等地的读者坚持要刊物，不愿意退钱。我只能到宣传部长林萍那里去请求。林萍也为70万订户高兴，然而第一次只允许印10万份；再次请求，又增加5万；第三次请求，林萍允许印20万，同时交代下一期以10万为限。林萍说，省里没有纸，不能再多了。所以，复刊号印了三次，第一次印10万份，以后两次都是加印5万。印20万份邮局仍不满意，因为退订工作不好做。我甚至懊悔自己同意将作品目录与作者印在征订单上，不敢再见那位发行科长。于是，吴富恒让我们办公室的郭钊代我与邮局联系。

复刊号问世以后，社会各界反应良好。征订70万份，订户坚持要刊物，不愿意退钱，以及不得不加印，等等，都说明刊物很受读者欢迎。这样的结果，吴富恒与我都没有想到，完全出乎意料。其中原因太复杂。就《文史哲》本身而言，这一期内容，除了以批孔为重点，《红楼梦》研究为次重点，我们还尽量弱化了时事政治。这一期只发三篇时政文章，一篇为批林，两篇为学习十大文件。这三篇约占刊物篇幅的十分之一，在当年学报中算是很少的了。另外，我们没有随大流，《文史哲》复刊号没有转载十大文件，没有转载"两报一刊"社论，也没有发表工农兵文章。

复刊时，正碰上党的第十次全国代表大会召开，要不要转载十大文件成为我反复思考的一大难题。"文革"期间，报纸刊物转载中央政治文件与《人民日报》、《解放军报》、《红旗》杂志的重要社论，早已成为一种风气，一直沿袭到"文革"结束。我以为，学术刊物不宜转载政治文件，之所以发表学习十大文件的两篇文章，是为了表示紧跟政治。我们的印制费用由出版总社负责，所以我又找谭天商量。我说："老谭，给我十个页码，转载十大文件。"谭天是革命老干部，年龄比我大，我们曾是宣传部同事。他说："等你出版时，我早已把文件发出去了，早已人手一册或两册了。"他认为从实际出发，不必转载。我又问："要请示（宣传部长）林萍同志吗？"他回答说："你去请示，谁敢说不转载？"这样，我未经请示宣传部，最后决定不转载十大文件。

大概自1971年以来，"文革"当局竭力鼓吹工农兵占领学术阵地，报刊上用工农兵名义写的文章，越来越多，铺天盖地，直至"文革"结束。我对吴富恒说，蓬莱那位"农民哲学家"的著名文章《种花生的哲学》，其实是我与写作组一位同事奉命将他一个讲话录音，在山东宾馆用了不到一个星期加工而成；他的讲话中原来无非用了几段《矛盾论》、《实践论》的语录而已。有了《种花生的哲学》，他从劳动模范成为名扬全国的"农民哲学家"。又有谁知道他这篇文章不是自己写的，我是代笔之一。吴富恒听后，不禁笑了起来。我说，像样一点儿的工农兵文章都有代笔，这种文章宜于报纸采用。我们是学术刊物，别人代写的文章总是不宜。大学里的工农兵学员，一样也是工农兵。我们是学报，发表工农兵学员的文章，既可以培养学生，质量又有保证。吴富恒赞成我的看法。最后，我选用三篇工农兵学员的短文，取代工农兵文章；在目录上，故意标明作者是工农兵"学员"。此外，"文革"中的刊物都把大批判文章、时政文章、工农兵文章，在目录上排成黑体，以表示突出政治。我们这一期目录，我交代技术编辑顾琴芬一律用普通宋体，结果一个黑体目录也没有。目录上不排黑体，现在看来微不足道，"文革"中因为事关政治，并非小事。

吴富恒和我一样，想办学术刊物。我们本是师生，学生的观念本源于老师，所以我想好的意见他多能接受，我们很容易取得一致。像不转载十大文件那样的大事，由我决定之后刊物就开印了。事后向他汇报，他只是微笑着说："就你胆大，敢做这种事。"换了别的领导，至少要责怪我先斩后奏。吴富恒比我大25岁，我们之间好像没有代沟，有的是观念的一致，是彼此的信任。我们的合作非常愉快。

不过，我们想在"文革"期间办学术刊物，其实是白日做梦而已，因为我们不能不为当局政治服务，也无法摆脱"舆论一律"的指挥棒。像高亨先生的文章题目是《孔子是怎样维护奴隶主统治的》，如果不请他写，或许他就不写了。可是，《文史哲》要复刊，不能不请名家高亨先生写批孔文章；既然我们请他写，他就只能写这样的题目。复刊号上批孔文章，大都上纲上线，吓人的大帽子满天飞，说明学术根本无法逃脱做政治奴婢的噩运。我不过是在学术与政治之间，小心翼翼地走钢丝。只发三篇不长的时政文章，不转载十大文件，不转载"两报一刊"社论，不发表工农兵文章，目录上不排黑体，通过这些，尽可能地弱化政治，或多或少地维护了学术的严肃，维护了学术刊物的尊严，如此而已。那么，为什么还受读者欢迎呢？我想其中重要的原因是，"十年浩劫"毁灭文化，造成了全国性的文化沙漠，人们长期处于文化沙漠的寂寞与苦闷之中。《文史哲》复刊号的弱化政治与相对突出学术，客观上适应了文化沙漠中读者对学术的饥渴心理,与对政治的厌倦心理。说是客观上,因为我们主观上没有这样的自觉观念,我们一心一意做学术刊物的梦。邮局的征订是读者的一种自愿选择。当时,读者只能在十家学报中选择,山中无老虎,我们刊物又是名气大,所以纷纷选择了《文史哲》。

1973年征得70万订户,与其说是《文史哲》的成功,不如说是读者的苦闷与无奈,是国人的苦难与不幸,是时代的悲哀与荒谬。

四、从"功臣"变成"罪人"
——隔离审查三个月

随着复刊的成功,1973年我是在一片赞扬声中结束的。阳历年一过,我便带领编辑部同仁从曲阜赴济南,住在招待所,发排1974年第1期稿子。我这一期,继续在政治与学术之间小心翼翼走钢丝。复刊号有一篇中文系学员写的《宋江形象浅析》,刊出以后,很快收到两篇争鸣文章。最早收到的是《农民革命的叛卖者——试论〈水浒传〉中的宋江》,作者王尚文。接着,又来一篇《也谈〈水浒〉中的宋江》,作者秦家伦。这一期文学栏,以讨论宋江形象的两篇争鸣文章为主。孔府在曲阜,历史栏以介绍孔府资料与批判孔府为主。

我们在"文革"中办刊物,都是整天提心吊胆,履冰临渊,担心大祸临头。开始时,校内有人议论我们复刊号有修正主义;后来，随着社会反应良好，这类声音总算听不到了。我最担心的是没有转载十大文件。当时都是宁左毋右，这种事只要有人跳出来批评，或许就有口难辩。幸好没有人批评，我庆幸平安无事。

可是，没有料到我的后院起火了。在济南，突然接到编委会主任李镇通知，要我停止发稿，原因是他要增加时政文章。当年是宁左毋右，他要增加时政文章，事关突出政治，谁也不能反对；反对，就罪莫大焉。不过，他事前不与吴富恒商量，也不听取我的意见，至少有违组织原则。我从济南返回曲阜后，便与他争论起来。我说，停止发稿以后，接着便是春节假期，工人在春节后要过半个月才能正常上班干活；而且，印刷厂必须在完成正常计划之后，才能给我们干活。这样一来，这一期势必不能按时出版。刊物与报纸不一样。报纸一天一张，《文史哲》三个月一期；报纸可以天天紧跟（政治），我们只能三个月跟一次。我们刊物不能按时出版，怎么办？这一次，我拍了桌子，批评他"瞎指挥"。这是我们关系闹僵的开始。

20世纪50年代有所谓"掺沙子"的说法。工农干部到大学工作，就是到知识分子成堆的地方"掺沙子"。谁都知道，"掺沙子"是为了监督改造知识分子，出发点是对知识分子的不信任，这一点从来不是秘密。教育是所谓"传道、授业、解惑"，最需要的是知识，不可或缺的是学术。高等学府更是学术的圣殿、知识的工厂，从来都是知识分子的世袭领地。"掺沙子"带进大学校园的，不是知识，不是文化，是无所不在又无所不用的政治，大概还有随处可见的粗俗。其结果是，学术不再神圣，知识不再有用，没有文化成为一种荣耀，粗俗成为一种时尚，斯文与儒雅荡然无存。像从不与学术沾边的初中文化的人做《文史哲》第一把手，像大字不识几个的劳动模范做山东大学革委会主任（校长），"知识无用"早已是人人看见的事实。事实胜于雄辩，儒家为中华民族建立并维系了两千余年的知识价值体系完全被颠覆了。知识贬值以后，一贯自命清高的知识分子不得不低下高昂的头，"夹起尾巴做人"。知识分子似乎负有原罪，人人必须接受改造。李镇为什么不与吴富恒商量就下令停止发稿？为什么不把第二把手吴富恒放在眼里？原因很简单，因为人家是工农干部，吴富恒是教授。吴富恒教授虽然早已是中共党员，是党委常委，可是党员知识分子同样负有原罪，必须接受改造。不过，《文史哲》毕竟是学术机构。李镇与大知识分子吴富恒一起编《文史哲》，不免产生既自尊又自卑的复杂心理。1973年，我与吴富恒为复刊奔波忙碌，李镇作为第一把手始终不闻不问，我还以为他把编辑部放手交给吴富恒了。我到他住所汇报工作，他屡次说自己"初中文化，不懂"，其中既有自谦，然而更多的是真实的自卑心理。复刊的意外成功，令我们获得的荣誉太多，他难免引起心理不平衡。不作商量，便命我停止发稿，也是为了表示他李镇才是《文史哲》的第一把手，可见最后还是自尊心起了决定作用。他把我编的1974年第1期大动外科手术，撤下一些文章，加上两篇《人民日报》社论，四篇工农兵文章。把刊物改得面目全非，连一个招呼也不打。时政文章增加以后，恰如我之所料，稿子躺在印刷厂不能发排，出版遥遥无期了。从此开始，李镇独揽大权，他有第一把手的名分，又有工农干部这块金字招牌。吴富恒虽是党委常委，然而头上有"资产阶级知识分子"这顶帽子，无法与工农干部抗衡，只能拱手让权，靠边站。

由于《文史哲》1974年第1期的出版一拖再拖,谁也无法预料的问题真的悄悄降临了。再加上李镇的惊慌失措与处置不当,终于给《文史哲》酿成一场灾难。

1973年底,编辑部从曲阜搬到济南。包括我在内的少数济南没有房子住的山大员工,暂住曲阜,时称"留守"。1974年3月的一天,校党委一个电话把我从曲阜叫到济南,吴富恒见我以后说,内蒙古军区两个战士给编辑部写文章,批评《宋江形象浅析》是"为林彪翻案",党委已经开了全校批判大会,现在要查明事实真相。我一听,非常紧张。稍作镇定后,觉得这个大帽子太离谱,反而容易说清楚,答应后天就向党委常委汇报情况。在常委会上,我主要说明两点:首先,中文系三个学生写的《宋江形象浅析》所以有"为林彪翻案"的批评,其中原因,一是据说林彪自比宋江,二是该文对宋江虽有批评,可是肯定较多,观点比较传统。林彪自比宋江之事,一直到最近才在个别文章中透露出来,不见于中央文件与1972年公布的林彪材料。我们学生的这篇文章是根据1972年课堂讨论写成的,编辑部决定发这篇文章是1973年9月以前。那时候,林彪自比宋江之事尚未透露,无人知道,从时间上看不可能存在"翻案"的动机。其次,编辑部发这篇文章的目的是为了讨论,这是许多人都知道的。而且,编辑部在1973年12月编定的1974年第1期《文史哲》上,已经发表两篇全面否定宋江的文章,足以证明编辑部的意图是学术讨论,不是也不可能是"为林彪翻案"。1974年第1期本来可以在2月出版。如果按时出版,读者见了这两篇否定宋江的文章,就不至于有"翻案"的误解。如今之所以会有"翻案"的误解,是因为《文史哲》至今不能出版,读者看不到我们早已编发的两篇否定宋江的文章。刊物至今不能出版的原因是今年1月，李镇同志不经商量，命我停止发稿。我当着众常委的面，再次批评他"瞎指挥"。

向校党委常委汇报情况，不能不把事实真相讲清楚。从这件事情本身的逻辑看，无论是作者还是编辑部，都不可能存在"翻案"的问题。党委关心的是"翻案"问题，听我说明情况以后，常委们大都松了一口气。

到济南后，看见校园里到处都是声讨宋江的大字报，杀气腾腾，铺天盖地，令人不寒而栗。按常规，接到两个战士的批评后，因为了解这件事的只有我一个人，理应立刻把我从曲阜召来，听我说明原委以后，再作决定。当年没有手机，长途电话很不方便，无法及时联系。李镇以为大祸临头，不等弄清事实真相，立刻召开批判大会，发动全校师生批判宋江。于是，两个战士根据自己一个无端揣测写成的一篇文理欠通的短文，竟把一个高等学府搅得天昏地暗，数千师生不得安宁。这件事，现在看来有点像是莫里哀讽刺喜剧里的可笑故事。实际上，它是可怕的悲剧，它反映了"文革"中的知识分子与干部临危履险、朝不保夕的苦难命运，以及在长期挨整中形成的风声鹤唳、杯弓蛇影的极端脆弱心理。一有风吹草动，便以为大祸临头。从主观原因看，主要因为李镇过于惊慌失措，处置失当。

那么，党委副书记李镇为何这样惊慌失措？他在批判大会上说："我不懂，没有看稿子，把工作都交给编辑部了。"这样说不完全是事实，因为我两次请他看稿，他都以"初中文化，不懂"为由，推辞不看。不过，他说自己"不懂"应是真的，惊慌失措的重要原因是因为自己"不懂"。发表《宋江形象浅析》的目的正是为了讨论，与《文史哲》已经编发两篇否定宋江的文章，这两件事我都向他汇报过，他都知道。可是，他不知道宋江评价的来龙去脉，也不知学术讨论是怎么一回事，误以为与"海瑞罢官"事件差不多，因此吓得六神无主，方寸大乱。客观上看，也是因为"文革"中弄得家破人亡的冤假错案太多，太可怕。于是，李镇来不及弄清事实真相，就马上决定召开批判大会，其目的是为了争取主动，求得自保；即使委过于我，那也是为了保自己过关，与故意害我有区别。这一点，我心里也清楚。小题大做以后，对我立案审查就不可避免。两个战士一篇文理欠通的短文，就这样把一个堂堂大学闹得惶惶不安，而且毫不困难，轻而易举。这个世界真的失去理智了，不讲逻辑，不讲伦理，好像都疯了。我从复刊"功臣"的巅峰跌落下来，变成了"罪人"，不能不怒火中烧，冤气冲天，我对编辑部的戴述雨说："天下本无事，庸人自扰之。李镇同志庸人自扰，自毁长城，好端端一个刊物要毁了。"

我向校党委汇报以后，山大逐渐没有人相信"为林彪翻案"了。不过，事情闹大以后，欲罢不能，无法很快结案。我住在招待所大约三个月，接受审查，等待结案，不准回曲阜家中。在此期间，学校想调原政治系主任徐经泽为编辑部主任，徐不愿应命。后来，任命刚从北大调来的孔繁为编辑部主任。孔繁代表李镇劝我写检查，说检查后可以恢复工作。我不以为然。到5月间，外调工作结束，排除了所谓的"翻案"问题。这时候，山大党委完全可以自己结案，可是李镇却要到省里去请示，不料省里也怕负责任，不肯明确表态。他在省里碰了钉子，焦头烂额，一筹莫展了。可是，事情不能这样拖下去，总要有个了结。于是，吴富恒老人不得不自告奋勇，独自赴北京，无奈找学生帮忙。他在《红旗》杂志社找到中文系毕业的胡锡涛。胡锡涛看见白发苍苍的"吴校长"有事找他帮忙，马上通过《红旗》渠道见姚文元，要来了"是学术讨论"这样一句话告诉吴富恒。凭吴富恒捎回这句话，山大马上结案。接着，正式宣布我清白，"宋江形象"事件就此落幕收场。我坚持不写检查，因为觉得自己没有错。吴富恒也以为我没有错。审查结束后，碰见山大党委书记张国忠，他也安慰我说："老刘，没有什么，再给理科办一个学报。""宋江形象"事件是1973年学报界的一件大事，外地传闻很多，有的地方误传我被抓起来了。实际上，只是在招待所住了三个月，心情很郁闷；最后，是老师吴富恒与同学胡锡涛解救了我。胡锡涛1960年在山大毕业后，分配到复旦大学中文系教书。后来，我在《红旗》杂志社，看见他晚上照顾编辑部一帮孩子到办公室看电视，嘻嘻哈哈，一派童心未泯的样子。"文革"后，胡锡涛去了湖北省社科院。吴富恒做了山大校长以后还常问起他。我说，胡锡涛做学生时，埋头读书，不问政治，不与争权夺利沾边；混迹政界多年，终究是个文人。人非圣贤，孰能无过？然而，盛名之时不念"权势"二字，风云际会总以作文为乐。文思敏捷，下笔千言；傲而不狂，生性率真；重情义，念旧人，依旧一副书生脾气。吴富恒校长去世前还想起这个学生，我心里一直感谢这位同学。

审查结束已到1974年6月，我迅速返回曲阜，与家人团聚。接着，故意请"病假"半年之久，以泄我胸中之愤。这件事，萧涤非先生知道后，说我是"拍案而起，拂袖而去"，说完，不听我解释，只是大笑不已。李镇大权独揽，吴富恒不得不靠边站。李镇以为"宋江形象"事件，至少是我轻率搞学术讨论给他惹的"乱子"，他决不允许我在政治与学术之间走钢丝，我的个性也无法与他合作。此路不通，又因为得罪李镇太多，他是书记，我不得不于1975年初再次离开山大，回到省委写作组，重操捉刀代笔之旧业。到1976年，便写批邓文章，终究不能逃脱犯错误的命运。

我了解李镇办刊物的本领，无非一句话，就是紧跟（政治），就是紧跟，紧跟，再紧跟，此外就没有什么了。"文革"中，或许只有他这样才能办刊物。孔繁从外校调来，人地生疏。编辑部听从李镇的领导，结果必然是沿着时政刊物与大批判文集的路子，毫无阻挡地滑落下去。从客观原因看，也是因为社会上宁左毋右，刊物以紧跟政治为最安全，最保险。到1978年，杨向奎教授来山大，批评《文史哲》没有学术，此是后话。就我而言，对李镇始终无法理解的是，他为何一面说自己"初中文化，不懂"，一面又独揽大权呢？他哪里来的那么大信心？哪里来的那么多勇气呢？另外我也知道，李镇为人低调，在老干部中属于不好整人的那一类，在山大校部口碑尚好。如果做党务，他大概是不错的干部；做《文史哲》第一把手，则完全是历史的误会。我想，要是没有"文革"，他做梦也不会到《文史哲》来。从"文革"的狂乱与荒谬看，可能容易理解些。1978年，我在省委宣传部出差菏泽，在一个公共场合最后一次与李镇见面，互致问候以后，彼此都有些尴尬。三十多年过去了，李镇与吴富恒都已故去，连我也过了古稀之年，个人恩怨早已置于脑后。今天写回忆录，不能不旧事重提，无非是为了牢记"文革"之苦难，不忘"文革"之罪过而已。

2011年1月于山东大学望云斋

回忆早期《文史哲》杂志社社长华岗同志

葛懋春

今年是《文史哲》杂志创刊三十周年,《文史哲》的年轻读者,大概不大知道华岗同志和《文史哲》的关系吧!但是,对于五十岁左右的老读者来说,华岗的名字和《文史哲》简直是无法分开的,只要翻阅一下1951年至1955年的《文史哲》目录,就可以看到他是这个时期《文史哲》上发表文章最多、影响最大的作者,从总第一期到总第三十五期,他大约发表了近四十篇文章,几乎每期可以读到他的文章。这个时期是华岗同志写作的旺盛期。解放初期文化思想战线的任务,迫切要求像他这样一位有影响的理论战士兼学者,在文史哲各个领域中广泛传播马克思主义。因此,他的写作范围相当广泛,在短短五年中给我们留下了近百万字的著述。这些文章的主题,集中到一点就是结合中国革命实际和历史实际阐明马克思列宁主义、毛泽东思想。无论是他学习实践论、矛盾论、斯大林语言学著作、社会主义经济问题、辩证唯物主义等基本理论方面的著述,或者是他阐明中国革命经验以及评论鲁迅、瞿秋白的文章,都同样的说明"他是一个革命活动家,又是著名的史学家和哲学家。他在实际工作中和学术研究上都有很大的贡献。他的功绩是不可磨灭的"（林默涵：《华岗著〈美学论要〉序言》,《人民日报》1981年1月13日）。他解放初期所发表的文章，对于那时知识分子和干部联系思想实际和业务实际学习马克思主义，起了重要的促进作用，为50年代初期在《文史哲》上开展学术讨论提供了思想武器。

华岗同志是《文史哲》杂志社社长，编委会的指导者。每期文章他都亲自审定，通读一遍。每次开常务编委会前，都听取我们对稿件初审的汇报，同时他对送审的稿件提出修改意见；为了赶上出版时间，他往往连夜突击改稿。他曾经是有名的《新华日报》的总编辑，长期担任党的宣传领导职务，有丰富的编辑经验。他在指导《文史哲》编辑工作中给我们留下了不少需要继承下来的遗产。

《文史哲》的编委大多数是山大文科各系有影响的教授，有的还是全国知名人士。怎样调动编委积极性，同他们一道办好杂志，就是一个关键问题。解放初期，文科教师在革命胜利高潮中迫切要求学习马列主义，联系实际专业，改造学术观点，提高教学和科研水平。华岗同志通过《文史哲》的工作，鼓励他们运用马克思主义批判唯心史观，联系自己学术思想，重新研究中国古代文化遗产。例如，他鼓励陆侃如、冯沅君两教授在解放初期思想改造运动中批判胡适实用主义对他们的影响；到了1954年，又把他们两位合作的《中国文学史稿》连续发表在《文史哲》上。这对引导老一辈知识分子学习马列主义，做好批判继承文化遗产工作，无疑起了积极推动作用。50年代初期山大文科教授所以能在较短时期接受马列主义，运用马列主义基本理论来研究中国历史，探讨亚细亚生产方式、中国奴隶社会和封建社会分期等重大历史课题，这是和华岗同志带头宣传并运用马列主义研究中国文史哲方面问题分不开的。他注意引导文科教师结合学术思想批判，学习马列主义是较早的。远在1955年全国开展批判胡适实用主义观点之前的1952年，《文史哲》就陆续发表了陆侃如《纪念五四，批判胡适》、童书业《古史辨派的阶级本质》等文章，从1952年到1954年的十二期刊物中涉及批判胡适实用主义的文章有六篇之多。1954年第5期还特别发表了童书业《批判胡适"实验主义"学术思想》的文章。这说明1954年第7期上发表李希凡、蓝翎批评《红楼梦》研究中错误观点的文章，既不是偶然的，更不是像某些香港报刊上说的那样是作者奉命写作、编者奉命刊登的。这是解放初期山东大学的师生，联系学术界实际，批判唯心史观，学习马克思主义的必然产物。《文史哲》常务编委会发表这篇文章根本没有接到任何上级的指示，当时也不可能预见到它后来在思想界产生多大的影响。文章发表后，连《人民日报》编辑部都不知道作者的通信地址，《文史哲》编辑在接到该报长途电话询问作者通讯处时，还不知什么原因。这说明《文史哲》发表这篇文章没有经过什么精巧安排。但是应该承认它和华岗同志领导下的《文史哲》，比较重视批判胡适实用主义哲学，比较重视刊登不知名的年轻人的文章是有关系的。

说起《文史哲》编委会重视年轻人文章，使我想到在一次我随杨向奎先生去华岗同志家汇报《文史哲》工作时，他曾向我们提出一个编辑原则：尽量使每一期刊物上出现一个新作者。他不仅亲自动手给一些不熟悉马列主义的老专家出主意、改文章，而且积极鼓励青年人写作。我是1951年山大历史系毕业生。解放后，华岗同志是山大兼任教授，是我们马克思主义理论的启蒙教师，我因为听他讲授中国近现代史、中共党史、鲁迅研究等课,经常向他提问,同他比较熟悉。毕业后,我留校当助教兼任《文史哲》杂志常务编委和秘书,彼此接触机会更多。正像林默涵和朱语今同志描述的那样,"他是一个非常亲切而平易近人的学者,一点也没有领导人和学者的架子"。他"一点儿也不傲慢,态度是很谦和的"(朱语今:《九泉闻讯亦欣然》,《读书》1980年第11期)。他对青年总是关怀备至的。我那几年习作的稿子,没有一篇不是经过他审阅修改的。我的毕业论文《从昌潍土改工作中看封建剥削》是我的处女作,记得就是由赵俪生教授推荐,经过华岗同志审定,在《文史哲》第一卷第三期上刊登出来的。30年后的今天,我翻阅这篇旧作,追忆往事,还是激动不已。他那亲切和蔼的面容,又一次浮现在我的面前。在我和他六年的接触中,我从来没有见过他发过脾气,盛气凌人地对待下级,即使我在工作中暴露一些缺点,他也是在事后温和地给予正面开导,使人感到既羞愧又温暖。

华岗同志在领导《文史哲》工作中,十分重视组织学术上不同意见的争论。中国古史分期问题是中国史学界的一个老大难问题。当时有些教授不大明确学术和政治问题的界限,不敢同持西周封建论的人争鸣,总想听听他的意见。其实,他在《中国历史翻案》一书中是持西周封建论的,但他总是鼓励持不同意见的人写文章。他多次鼓励童书业教授破除顾虑,发表自己看法。在他领导《文史哲》杂志时,战国封建论、魏晋封建论的文章登了不少。这是《文史哲》能够较早在全国开展奴隶制和封建制分期讨论的重要原因之一。

《文史哲》创刊三十周年了,《文史哲》的奠基人之一华岗同志的冤案，终于在 25 年之后平反昭雪了。早期《文史哲》上记录的华岗同志的劳迹是永远磨灭不了的。我相信，在华岗社长培育下的《文史哲》的编辑作风，一定会继承下来，发扬光大。

一九八一年二月二十九日深夜

（原载《文史哲》1981 年第 4 期）

华岗与《文史哲》

刘光裕

《文史哲》创刊于 1951 年 5 月,至今已有半个多世纪。创办《文史哲》的关键人物是华岗。华岗(1903—1972),浙江省龙游县人,1925 年加入中国共产党,历任党内宣传部门高级职务。抗战初期,因公开指斥王明错误而被王明撤掉《新华日报》总编辑之职;以后历任中共中央南方局宣传部长、中共上海工作委员会书记等职,并任云南大学社会学教授。1949 年 9 月,华岗应召从香港赴北京参加政协会议,途中因健康原因滞留青岛,经中共山东分局向中央请求暂留青岛工作。接着,担任山东大学校长、党委书记,直至 1955 年蒙冤入狱。他任山大校长之前,有重要著作如《1925—1927 年中国大革命史》、《中国民族解放运动史》、《社会发展史纲》等,都早为国人熟知。林默涵在 1982 年著文说:"中年以上的人对华岗同志是很熟悉的,许多人跟他一起工作过,更多的人读过他的著作。他是一个革命活动家,又是著名的史学家、哲学家。"[1] 华岗既是党的高级干部,又是著名学者。他任山东大学校长的五六年

---

[1] 参见林默涵为华岗《美学论要》所写《序言》,人民出版社 1981 年版。

间,成为山东大学历史上最辉煌的时期。创办《文史哲》,是华岗对山大的重要贡献之一。

从同人刊物到山东大学学报之一

《文史哲》自1951年5月创刊,到1953年第2期以前,共11期,一直是山东大学文学院与历史语文研究所部分教师的同人刊物。1951年,山东大学部分教师发起成立《文史哲》杂志社,共同推举校长华岗为社长、副校长陆侃如教授、文学院院长吴富恒教授为副社长,又邀历史系著名学者杨向奎教授任杂志主编;以杨向奎为首组成编辑委员会,负责日常工作。因为是同人刊物,《文史哲》具有"自治"性质,办刊方针及其他事务由杂志社同人自己研究确定。当年商定的办刊宗旨是,通过刊载应用新观点、新见解的研究文章,提高自己的理论水平与学术水平,推进学校文科的教学与科研。办刊经费主要靠同人自筹;参加办刊的教师都拿了钱,其中以华岗个人支持经费较多。学校也曾从科研经费中给点资助,但数量不多。编辑部的后勤工作,由历史系与历史语文研究所的两个工友兼做。编委会中没有一个专职人员,主编杨向奎是兼任,具体做编辑工作的编委成员也都是兼任。早期编委如童书业、王仲荦、赵俪生、殷焕先、卢振华、孙思白、孙昌熙、刘泮溪等,后来都是著名学者,当时还很年轻,他们大多跑过印刷厂,做过校对。从组稿审稿,到校对印刷,到刊物发行,这些工作都是教师兼做的,没有报酬。本校教师发表文章包括华岗校长的文章都不给稿费,当时也没有人想拿稿费。校外的稿子给少量稿费,最早是每千字3万元,即3元。1952年夏天以后,葛懋春从历史系毕业留校做助教,他成为《文史哲》第一个专职编辑。专职编辑只有葛懋春一人,忙不过来,许多编辑工作仍由教师兼做。刊物开办时,没有在邮局或书店发行。主编杨向奎回忆说:"热心的同志们都不懂出版发行业务。第一期出版了,既然没有邮局或新华书店发行,我们如何发行,把它们卖出去?只好采用原始的办法,给全国各大学的朋友们寄出,请他们代售。这当然不是办法,连累了朋友,许多是他们自己拿钱买下,把钱给我们寄来。我记得郑鹤声先生对我说,这不是办法,他的朋友来信说这办法太原始了。"[①] 刊物销路没有打开,不可能不赔钱。大学教师办刊物,最大的问题不是稿源,而是资金。刊物不断赔钱,教师工资菲薄,财力有限,所以创刊一年后到1952年,出现严重亏损局面。实在支持不下去了,华岗校长不得不亲自到山东省委统战部和青岛市委请求支持2000万元,即2000元,才渡过难关。从1953年第2期(总12期)开始,《文史哲》确定为山东大学学报之一,经费从此由学校负责,不再需要教师个人支援。不过,从1953年开始,刊物销路也打开了,经费困难实际上已不复存在。到1955年,国内外订户大增,刊物经费自给有余,还积累了上万元资金。

20世纪50年代初期,全国学术刊物只有两家,就是《新建设》与《文史哲》。《新建设》在北京,《文史哲》在青岛。到1957年,上海创办《学术月刊》,学术刊物便形成三足鼎立之势。1951

---

① 杨向奎:《早期文史哲》,《文史哲》1981年第4期。

年，正值新政权建立之初，数年内战的腥风血雨之后。这时候，山东大学文科教师为什么创办同人刊物——《文史哲》呢？这件事当然与华岗有关，不过细究起来原因大概有二：

原因之一是，当年山东大学聚集了一批率先拥护新政权的著名学者与青年学者。这一点，主要应归功于华岗以前的山大校长赵太侔。1945年抗战胜利后，国立山东大学在青岛复校，校长便是戏剧家赵太侔。赵太侔，是山东籍同盟会员，国民党元老；民国后，弃政而到美国留学，专攻舞台灯光。在新文学家杨振声教授做青岛大学第一任校长时，赵太侔任教务长。他长期担任山大领导，学术界名气不大，然而作风稳重，为人正派，在政治动荡中能保持自己的清白与正直，校内外口碑颇佳。在办学方面，赵太侔崇尚教育家蔡元培的兼收并蓄办学思想，故而山大颇有学术自由的宽松氛围，不拘一格招揽人才，再加青岛环境幽美，交通便利，气候宜人，这些因素促使一批学者在抗战胜利后纷纷投奔山大。例如，大后方的著名红色教授赵纪彬、杨向奎，还有因为同情学生运动而上过国民党当局黑名单的陆侃如教授、冯沅君教授，还有对现实甚为不满的青年学者赵俪生、徐中玉、孙思白等，他们都乐意到山东大学工作。抗战胜利后，随着东南沿海各地大学陆续复校，学者教授也纷纷选择自己乐意工作的大学。山东大学借1945年复校的机会，聚集了一大批国内学术精英，文科理科都是如此。在这方面，校长赵太侔起了重要作用。1951年初，山东大学与华东大学合并。华东大学是山东解放区办的大学，学生为革命青年，教师都是参加革命较早的知识分子。与华东大学合并后，校内的革命气氛立即高涨起来。20世纪50年代初期，当全国多数大学的教师惊魂未定、犹豫狐疑之际，山大许多教师已经成为新政权的衷心拥护者，思想包袱较少，工作积极主动，热情高涨。山大这样一批教师与华岗出任校长这两方面因素结合起来，就具备了办刊物的条件与勇气，结果就在1951年创办了同人刊物——《文史哲》。

原因之二便是，校长华岗的领导才能与个人魅力。华岗是中共山东分局三人领导成员之一，是著名的马克思主义理论家、史学家，又办过报纸刊物。他的地位，他的经验，他的个性，足以作《文史哲》的强大后盾。《文史哲》所以在1951年创刊，而且越办越好，华岗校长是不可或缺的关键人物。华岗对早期《文史哲》的贡献可从两方面去看，一为领导山大师生学习马列主义，二为亲自领导办刊物。

华岗办大学，始终将教学与科研置于首位。1951年任山大党组副书记（华岗是党组书记）与教务长的余修回忆说："他（华岗）主持校政，把山大办得生气勃勃，上下一体，培育英才而英才辈出，改革教育而能推陈出新。"① 余修后来是山东师范学院院长，山东省副省长。华岗坚持"以教学为中心"，要求政治思想工作和总务后勤工作都围绕教学这个中心。与此同时，他又把学习马列主义，作为改造大学与提高教学科研的关键来抓。新中国成立后，华岗是最早领导全校师生系统地学习马列主义的大学校长。他定期在全校作时事报告，亲自作系统讲解马列主义的报告。这类报告的地址，一般在学校广播站前的露天阶梯广场；台下听讲的，有全校师生，从副校长童第周教授、陆侃如教授到普通学生，还有青岛市

---

① 余修：《深刻怀念华岗同志》，《文史哲》1980年第4期。

委、北海舰队司令部的领导与干部。华岗学识渊博，思维敏捷，见解深刻犀利，再兼口才好，所以每一次作报告，都是人山人海，像赶集一般热闹。经数十年至今天，山大还有人津津有味地讲说华岗当年作报告的精彩与热闹。他凭自己的经验与能力，使学习马列显得不那么枯燥与沉重，变得有人情味，生动活泼。因此，学习马列很快成为山大教师的一种时尚。像先秦史学者童书业教授可以背诵《家庭、私有制与国家的起源》，可以背诵《联共（布）党史》"四章二节"，校园里无人不知，可见学习热情之高。前面谈到，山大聚集了一批率先拥护新政权的著名学者与年轻学者，现在他们又掌握了马列主义这个武器，进而想写文章、办刊物，就是合乎逻辑的事。从社会环境看，当时正处于新旧潮流的剧烈变革之中。山大文科在20世纪50年代出现一批应用新观点的科研成果，表明山大文科居于新时代学术潮流的前沿地带，暂时取得了符合时代潮流的一种学术优势。凭借这个优势，《文史哲》充当了弄潮儿的角色，影响或引领全国学术潮流，从而使偏居青岛的一家大学学报，在全国如日中天，独领风骚，创造了一段令人难忘的历史。就刊物本身而言，成功的关键在于能否影响或引领学术潮流。时代潮流后浪推前浪，总是不断演变，不断进步。刊物一旦在时代演变中失去学术优势，不再影响或引领学术潮流，辉煌不再怎能避免？此一时，彼一时，不必同日而语。

在1951年那个特殊的年代，除了华岗敢办《文史哲》，全国大概没有人想办什么同人刊物。华岗是《文史哲》第一任社长。他坚持的办刊方针是将马克思主义渗透到各个领域。每一期文稿，都由主编杨向奎送到他那里作终审。1952年开始做专职编辑的葛懋春回忆说:"每期文章他都亲自审定,通读一遍。每次开常务编委会前,都听取我们对稿件初审的汇报,同时他对送审的稿件提出修改意见;为了赶上出版时间,他往往连夜突击改稿。"① 审定《文史哲》的文稿,不只要有广博学识,还要有丰富审稿经验与一丝不苟的负责精神。华岗一天到晚很忙。他是校长,是党组书记,还是山大教授。他做山大教授不是靠手中权力,而是靠自己讲课。他为山大学生讲的都是当时大学里的新课,如中国近现代史、中共党史、鲁迅研究等。他一面讲课,一面培养年轻教师。山大中文系研究鲁迅的老师,历史系研究近现代史的老师,最早多是听华岗讲课而渐渐成长起来的。所以,华岗真的是非常忙。可是,他再忙也坚持为《文史哲》终审书稿,此为尽职,此为敬业。如今,兼任学报主编或编委会主任的大学领导,大概已很少像华岗那样亲自终审文稿了。作为大学领导的华岗,颇具个人魅力。对他心悦诚服者,不仅有学生,更有同事与教授,全校上下几乎有一种崇拜心理(后来,果然有人批判华岗在山大的所谓"个人崇拜")。开始时,人们对写文章顾虑较多。华岗带头写稿,成为解除人们顾虑的好方法。从 1951 年到 1955 年蒙冤被捕以前,他在《文史哲》上发表文章 40 多篇,几乎每一期都有他的文章。他鼓励人们用马列新观点从事科研,经常动员教师写文章,著书立说。山大文科很快出现应用新观点的风气,不断为《文史哲》提供具有新意的文稿。华岗做《文史哲》社长,不是挂名的社长,是脚踏实地做事的社长。诚然,办《文史哲》并非华岗一人之功,但他起了关键作用则是不可否认的事实。

---

① 葛懋春:《回忆早期〈文史哲〉杂志社社长华岗同志》,《文史哲》1981 年第 4 期。

提倡学术讨论，反对定于一尊

《文史哲》创刊后给国人的一个突出印象是非常活跃，不断开展学术讨论，不断提出新观点、新见解。《文史哲》早期的重要学术讨论，历史领域有中国古代史分期、中国土地制度、古代农民战争、资本主义萌芽等，文学领域有韩愈柳宗元评论、《红楼梦》评论、鲁迅研究，以及典型问题等。

《文史哲》是学术刊物。华岗是革命家，他办《文史哲》始终坚持宣传马克思主义。他认为马克思主义与学术的关系，是前者指导后者，而不是代替后者。用马克思主义指导学术研究，出现不同的理解或不同的见解，是完全正常的事，也是难以避免的事。解决这类不同意见的分歧，只能通过充分的与自由的讨论，此外没有别的好办法。在他看来，坚定的马克思主义立场与以客观态度尊重学术，两者没有矛盾。在史学领域，华岗并不同意"古史辨"派的观点。众所周知，"古史辨"派并不是马克思主义学派。但是，华岗屡次鼓励原为"古史辨"派的童书业教授搞自己的专业，说"古史辨"作为学派具有自己的价值。相信自己不同意的学派具有学术价值，这样的态度可算是客观尊重学术。充分尊重学术，提倡自由讨论，使《文史哲》在"双百"方针提出之前的学术讨论搞得风风火火，有声有色。这成为《文史哲》举世公认的一大亮点。

在刊物上开展学术讨论，说起来容易，做起来并不容易。真正的学术讨论，必须是也必定是自由的讨论。自由讨论中参与各方都是平等的，彼此可以各抒己见，可以畅所欲言；否则，就不是自由的讨论。从刊物领导方面看，对不同意见必须一视同仁，一碗水端平，特别要注意善待异己，避免一边倒。容忍异己，善待异己，任何时候都是一种雅量，一种风度，也是一种民主作风。以《文史哲》讨论古史分期为例。华岗本人对古史分期所持观点为西周封建说，党内一位著名史学家也持"西周封建"说。可是，山大校内对"西周封建"说存在许多不同意见。古史分期能否在山大讨论起来，华岗本人是否乐见不同意见，这一点非常重要。对此，葛懋春回忆说："华岗同志在领导《文史哲》工作中，十分重视组织学术上不同意见的争论。中国古史分期是中国史学界的一个老大难问题。当时，有些教授不明确学术与政治问题的界限，不敢同持西周封建论的人争鸣，总想听听他的意见。其实，他在《中国历史翻案》一书中是持西周封建论的，但他总是鼓励持不同意见的人写文章。他多次鼓励童书业教授破除顾虑，发表自己看法。在他领导《文史哲》杂志时，战国封建论、魏晋封建论的文章登了不少。这是《文史哲》能够较早在全国开展奴隶制和封建制分期讨论的重要原因。"[1]当年山大历史系，童书业持"战国封建"说，韩连琪持"两汉封建"说，王仲荦持"魏晋封建"说，皆不以华岗校长的"西周封建"说为意。古史分期的讨论肇始于山大校内，接着反映到《文史哲》。在讨论中，各种意见畅所欲言，针锋相对，激烈争辩。出现这样的自由讨论，华岗具有善待异己的雅量是不可或缺的重要因素。

华岗认为，马克思主义是真理；宣传真理只能靠说服，不能靠压服，强迫人接受马克思主义是没有用的。说服人们接受马克思主

---

[1] 葛懋春：《回忆早期〈文史哲〉杂志社社长华岗同志》，《文史哲》1981年第4期。

义的最好方法与途径是讨论或辩论。他在山大师生中讲授马克思主义哲学时，经常有不同意见的讨论。有一次，物理系束星北教授对华岗所讲量变与质变的哲学观点公开提意见，说运动员跳高时一厘米一厘米地加高，哪是质变？哪是量变？有人认为，这是故意抬扛。华岗听说后，亲自到办公室找束星北，听取意见，交换看法，进一步讨论量变、质变等哲学问题。这件事，至今仍是华岗留在山大校园里的美谈之一。华岗与我国许多早期马克思主义学者一样，认为马克思主义与民主是完全一致的；以为马克思主义与民主是对立的，水火不相容，无非是反动派的恶意宣传而已。故而他满腔热情地宣传马克思主义，又在宣传中坚持平等的态度，坚持讨论的方法，坚持以理服人。后来任山大社会学系主任的徐经泽教授，年轻时跟随华岗从事马列主义教学工作。有一次，徐经泽根据自己在人民大学研修班听苏联专家讲课的内容，向校长华岗请教联共（布）党史与国际共运史的关系，请教《联共（布）党史》第四章第二节所讲哲学。这次华岗明确地对他说，马克思主义也不能"定于一尊"。另一次，华岗还对徐经泽说，斯大林也是有错误的。如今徐经泽年届八十，不久前与我讲起华岗这两件事，感慨万分，唏嘘不已。马克思主义不能"定于一尊"，大致代表华岗的真理观。如果真理"定于一尊"，这真理就变成了黑格尔的"绝对理念"。从政治上看，黑格尔的"绝对理念"是非常可怕的。既然不能"定于一尊"，所以马克思主义本身也需要讨论，也需要辩论。马克思主义者不可自以为掌握了一切真理，目空一切，拒绝讨论与辩论。鉴于这样的真理观，他在学术研究中善待异己学派，提倡自由讨论；在政治上，注意平等待人，坚持民主作风。

出于历史方面的复杂原因,当年我国革命队伍中许多人都反对著名学者胡适的思想观点,华岗为其中之一。所以,华岗主持下的《文史哲》,在1955年全国批判胡适之前,早就刊登许多批判胡适的文章,1952年刊出文学史家陆侃如教授的《纪念五四,批判胡适》即为其中之一。不过,华岗领导山大师生批判胡适,是一种思想批判,一种学术批判,至多是教师的一种自我思想改造。以陆侃如为例,他深受胡适学术思想影响,但照样提拔做山大副校长,有职有权。《文史哲》从1954年开始连载陆侃如、冯沅君的《中国古代文学史稿》,这是1949年后第一部文学史专著,立刻声震学术界。1955年以前山大师生批判胡适学术思想,大致是民国以来我国文化界两种对立势力的长期论战在新形势下的继续,它与后来出现的政治批判运动,性质完全不同。了解这样的背景,可以进而了解《文史哲》1954年第7期为何刊载李希凡、蓝翎所撰《红楼梦》研究文章。① 这篇文章不久便轰动全国,作者也以"两个小人物"闻名于世。从思想渊源看,这篇文章的出现,与两位作者曾是山大中文系学生有关。他们读书时,恰逢华岗领导师生学习马克思主义,批判胡适学术思想。他们的思想受此影响,故而有文章中的进一步思考。不过,《文史哲》刊发这篇文章,就像它在1952年刊发陆侃如的《纪念五四,批判胡适》一样,无非是站在马克思主义立场,针对他们认为一种错误学术观点进行批判。这种批判,限于学术范围或思想范围,并不是政治批判。关于这件事,当事人葛懋春回忆说:"《文史哲》常务编委会发表这篇文章根本没有接到任何上级的

---

① 李希凡、蓝翎:《关于〈红楼梦简论〉及其他》,《文史哲》1954年第9期。

指示，当时也不可能预见到它后来在思想界产生多大的影响。文章发表后，连《人民日报》编辑部都不知道作者的通信地址，《文史哲》编辑在接到该报长途电话询问作者通信处时，还不知什么原因。"① 作者李希凡也说："当时，党的'百家争鸣'的方针尚未明确提出，但在华岗同志领导下的《文史哲》，一直坚持学术上的互相商榷探讨的学风，各种意见都可以发表，还希望被批评的参加讨论，进行答辩。当然，有时也由于我执拗、偏激，坚持错误意见，致使有的文章产生坏的影响，但责任不在编辑部，而在我自己。"② 说《文史哲》上"各种意见都可以发表，还希望被批评的参加讨论，进行答辩"，此为事实，查刊物可证。以后出现的政治批判，是"一言堂"，是一边倒的模式，不准有不同意见的讨论或辩论。所以，无论编辑部还是文章作者，他们的初衷都是批判胡适学术思想的影响，都不是也不可能是发起一场政治批判运动。诚然，学术批判也有差错。特别是当年的学术批判，少心平气和，多出言不逊，但与政治批判的性质不一样，后果也不一样。不幸的是，李希凡、蓝翎那篇文章发表后，后来演变成为一场政治批判运动，冤案无数。出现这样的演变，是当年的政治环境与政治斗争造成的。

从学术讨论本身看，其中存在组织领导、方法步骤等一系列具体问题。但归根结蒂，学术讨论关乎学术民主，关乎民主作风。有民主，才有真正的学术讨论；没有民主，就不可能有真正的学术讨论。华岗在《文史哲》提倡自由讨论，说到底是民主作风的一种表

---

① 葛懋春：《回忆早期文史哲杂志社社长华岗同志》，《文史哲》1981年第4期。
② 李希凡：《文史哲培养了我》，《文史哲》1981年第4期。

现。他在工作中，对待同事，对待不同意见，颇具民主作风。1980年华岗追悼会所致悼词中，特别肯定他"作风民主"。当年在山大担任党组副书记的余修回忆说："记得那时两位副校长童第周、陆侃如先生都是非党人士，华岗同志很尊重他们的职权，很重视他们的学识和能力。凡学校的重大兴革事项，都召集在一起商量，共同作出决定，由各方分工去办，从不个人包办，从不搞一言堂。华岗同志的民主合作的作风，深得广大党外教职工的信服，他给我们做出良好的榜样，因之他的威信在校内是极高的。"① 政治上不搞"一言堂"，表现在学术领域就是发扬学术民主，提倡自由讨论。也就是李希凡在回忆中所说："各种意见都可以发表，还希望被批评的参加讨论，进行答辩。"有学术民主，才有自由的讨论；没有学术民主，就不可能有自由的讨论。在此，容忍异己学派，善待异己学派，最具关键意义。

华岗主持《文史哲》从 1951 年至 1955 年，凡四年。《文史哲》在这四年进行的学术讨论，影响之深远非常惊人；像古史分期、农民战争、《红楼梦》问题、典型问题等，一直到改革开放以前的二三十年间，始终是全国学术界热烈谈论的重要话题。华岗办《文史哲》短短四年，结果影响了或掌控了学术界数十年的话语权，可谓期刊史上一个奇迹。这样的辉煌史迄今无法复制，令人羡慕不已。

综上所述，华岗办《文史哲》的经验主要有两点：一是有胆有识，二是发扬民主。当年《文史哲》获得成功的原因，大致也是如此。

---

① 余修：《深切怀念华岗同志》，《文史哲》1980 年第 4 期。

华岗其人

我这篇文章,本是应宋应离教授编辑《名校与学报》一书之约的命题作文,写到这里似乎可以结束了。可是,又想到《文史哲》创刊后,既锋芒毕露,又生动活泼,风风火火,这些都与华岗的个性关系最大。我想,如果当时换了别人做社长,或许难以呈现如此景象。因此在下面,再引用华岗战友回忆录中一些评论,简单介绍华岗其人。

熊复说:"我认识华岗同志,是在一九三九年四月我进入《新华日报》做编辑工作之后。那时他是《新华日报》总编辑。他给我的印象,是一个学问渊博、文思敏捷的学者。他讲起话来,口若悬河,滔滔不绝;而写作评论文章如社论,真是'下笔千言,立等可待'。他对待同志和蔼可亲,平易近人,从没有见过他有疾言厉色的时候。但他对待政治上的原则问题却十分认真,从不苟同,也不轻易放弃自己的意见。这一切引起我对他的尊敬,把他当做自己的导师。"①

朱语今在纪念文章中转引一位老同志对华岗的评论说:"老华这个人有胆识,有魄力,看问题很敏捷,也很尖锐。但是太骄傲,有些近于狂妄,好像什么人都看不在眼里。"而青年时与华岗一起工作的朱语今自己则觉得,他"在一个青年人面前,一点儿也不傲慢,态度是很谦和的"②。

林默涵回忆说:"华岗同志不但在学术上勇于发表不同的意见,在政治上,他也从不隐蔽自己的观点。他在很早以前就公开指斥过

---

① 熊复:《时代的哲学思索》,见华岗:《规律论》,人民出版社1982年版,第514页。
② 朱语今:《九泉闻讯亦欣然》,见《读书》1980年第11期。

王明的错误,以致遭到王明的打击,被撤销了《新华日报》总编辑的职务。……我在和他的交往中,深感华岗同志是一个非常亲切而平易近人的长者,一点也没有领导人和学者的架子。大概一个人只要敢于说不同的意见,甚至只要敢于有自己的意见而不肯投合世情,随声附和,就往往被目为'骄傲'而遭到忌恨。'今天天气哈哈……'还是一种便当的处世法。直言招憎,积毁销骨,华岗同志也难逃这种际遇。"①

在山东大学任华岗第一副手的余修说:"我和他在山大建校初期(即在山东大学与华东大学合并以后)的一段共事过程中,觉得他平易近人,刻苦好学,谦逊待人,从不盛气凌人。纵然有时对某些具体问题的处理上,我们意见不尽一致,他也能耐心说服,善于等待;当他发现自己的见解有不尽符合实际时,能从谏如流,虚心采纳不同意见。"②

从上面战友的回忆,可知华岗办《文史哲》有胆有识,发扬民主,大都与他独特个性密切相关。一家刊物的风格,往往是主持人风格的投影,谓"刊如其人"可也。在此,我想起古人所谓"傲公卿而善待士卒"这句话,或许可以作为华岗个性的写照。在全国无人敢办同人刊物时华岗办《文史哲》,最能表现他的胆量,他的敢想敢做。敢想敢做的人,无不自信。过于自信可能流于骄傲,而自信者往往被别人视为骄傲。再从华岗方面看,他做《新华日报》总编辑时的同事或下属,做山大校长时的同事或学生,都不觉得他有什么骄

---

① 林默涵:《美学论要·序言》,载华岗:《美学论要》,人民出版社1981年版。
② 余修:《深切怀念华岗同志》,《文史哲》1980年第4期。

傲，相反认为他"和蔼可亲"，"平易近人"，"很谦和"，"从谏如流"，如此为"善待士卒"之类。他在抗战初期公开指责王明的错误，又很早就说斯大林也有错误，如此为"傲公卿"之类。在古代，士大夫最欣赏"傲公卿而善待士卒"这种气度与名节，因而成为士大夫特有的一种价值取向与性格特征。"傲公卿而善待士卒"，说明毕生信仰马克思主义的华岗，血管里流淌着古代士大夫的血，头脑深处藏有士大夫情结。这可能是他最终不得不陷于困境的一个原因。

华岗于1955年被捕入狱，1972年含冤逝世，享年69岁。1980年，党中央批准为他平反昭雪，林默涵慨叹说："直言招憎，积毁销骨。"1955年被捕时，他年仅52岁，正是年富力强，大有作为的时候。华岗是骏马，是雄鹰，本应驰骋疆场，翱翔蓝天。然而命运不济，他解放后坐牢的时间，比解放前要多。就个人命运而言，无疑是一个悲剧。我因为在20世纪70年代到80年代做过几年《文史哲》主编，所以经常想起第一任社长——华岗。每当想起他，心里总是非常复杂，有敬仰，有惋惜，更有十二分的沉重。在1980年华岗追悼会上，山东大学校长吴富恒宣读的悼词中说："华岗同志生活简朴，平易近人，作风民主，刚直不阿。"华岗的老战友，都知道他"刚直不阿"；我所知道的山大老员工，无不赞扬他"刚直不阿"。华岗的悲剧，是否与他"刚直不阿"的性格有关系呢？或者是"刚直不阿"造成了他的悲剧吗？我曾这样问过别人，别人也曾这样问过我。呜呼，天不佑人，我之不昌。谨借此文，遥寄对故人的思念与敬仰。

2006年6月于山东大学望云斋

（原载《出版史料》2006年第4期）

回忆《文史哲》初期的王仲荦教授

吴大琨

今年是《文史哲》杂志创刊三十五周年。编辑部的同志来信邀我写一篇纪念性文字。我早就想动笔了，但一动笔就总有什么事来干扰，使我写不下去。到了七月十号左右，我又想动笔写时，不幸消息传来，说是山东大学的王仲荦教授已在七月四号，由于心脏病猝发而病故了，我一时心里感到非常悲痛，文章就再也写不下去了。这之后，我每次再提笔为《文史哲》写文章时，出现在我眼前的，却总是王仲荦教授的音容笑貌，以致最后，我就索性决定不写别的，就写《文史哲》初期的王仲荦教授。

我是在50年代初期，到青岛山东大学以后才认识王仲荦教授的。一见面，王仲荦教授就给我留下了一个待人热情、诚恳，同时又非常好学深思的学者印象。当时的青岛山东大学，在华岗校长的领导下，有一个优点，就是学习马列主义的气氛很浓厚，同时教授们之间又都能各抒己见，互相积极探索问题，学术空气也是很浓厚的。当时仲荦教授对中国古史的分期问题，已经有他的独特看法，他的看法和我的看法并不相同，但这并不妨碍我们之间的相互学习、相互探讨。那时他住在青岛鱼山路的山大宿舍，我则住在信号山路，承他不弃，常常上山来与我畅谈。我作为一个政治经济学的理论教学研究工作者，是第一次从他那里才认识到应当怎样从政治经济学的角度来考察中国古史分期问题的重要性的。那时候，仲荦教授和我都是《文史哲》的积极撰稿者，我们讨论过的一些问题，或者在讨论中想到的一些问题，事后把它写下来，就成了《文史哲》上的文章。在当时王仲荦教授所发表的许多文章中，我认为发表在1954年4月号《文史哲》上的《春秋战国之际的村公社与休耕制度》一文，是极为重要的，因为他第一次以马克思主义者的观点探讨了中国历史上长期存在的村公社制度的性质和作用。仲荦教授在文章中说：

> 许多世纪中，村公社的继续存在，成为古代专制国家停滞性的坚强基础。
>
> 所有村公社的社员，只能成为土地的使用者——他的占有，也是经由劳动实践过程为前提之下发生的——而不是土地的所有者。……公社社员既不是公社土地的所有者，那么，他本身就会变成公社的财产，也就会变成专制君主变相的奴隶。他们把农业和家庭手工业结合了起来，完成着自给自足的生产，他们要经常地向他们的统治者贡献力役，也贡献物品。这些公社成员们，在身份上虽是"自由"的，在经济生产上也是独立的，但这并不等于说这些公社成员们所受的剥削和压迫就比较奴隶或以后的隶农们来的轻，在某些情况下，他们所遭受的压迫和剥削，也许还重得特别厉害。在这种特殊生产形态里，自由人生产还是占重要的地位，奴隶的劳动不能尽量代替自由人的劳动，这样，不但阻碍了奴隶形态的发展，也会阻碍

了以后农奴形态的充分发展。

我认为仲荦教授这段话是十分精辟的,他所说的"特殊生产形态",实际上,就是马克思所说的"亚细亚生产方式"。所以,我认为,王仲荦教授应该说是中国历史学界第一个以他独立的研究证明了马克思的"亚细亚生产方式"的理论适合于研究中国历史的学者。他的这一贡献,在学术上的意义是很大的,尽管他自己并没有意识到这一点。

所以,我认为,在 50 年代初,《文史哲》之所以能风行海内外,是和它当时拥有一批像王仲荦教授那样的具有独立见解的学者与作家分不开的。当时,党的"百花齐放,百家争鸣"的方针,还没有正式提出来,但以华岗同志为领导的山大党委,实际上却是执行了这一方针的,这也是《文史哲》杂志当时所以能受到学术界的欢迎与重视的原因之一。

现在,王仲荦教授已不幸去世,他在中国历史学界所作出的贡献,一定会有历史学界的同志加以全面阐扬。从我个人来说,在青岛时从仲荦教授那里学到的东西,是永远不会忘记的。他应该说是我学习中国历史的一位老师。但可惜,现在竟然永别了。今天,我借《文史哲》创刊三十五周年之际,撰此短文,一方面表达对王仲荦教授的怀念之情,另一方面也祝《文史哲》发扬优良作风,为繁荣学术研究,培养学术人才作出新的贡献。

1986 年 6 月 23 日中国人民大学

(原载《文史哲》1986 年第 5 期)

父亲与《文史哲》的复刊

刘晓东

写在前面的话:

这是一段尘封了四十六年的鲜为人知的历史,这是女儿在记忆深处对父亲永久的影像。在父亲节来临之际,愿将此文献给父亲!愿父亲的在天之灵能够听到女儿对父亲最深情地呼唤:爸爸,我爱您!您永远是女儿心中一座高耸的山,一棵参天的松,一条奔腾的河,一本永远读不完的教科书。

提起学术期刊《文史哲》,经历过20世纪50年代的许多人都会记忆犹新。1954年刚刚创刊三年的《文史哲》因刊登山东大学刚刚毕业的两个"小人物"李希凡、蓝翎的《关于〈红楼梦简论〉及其他》的评论文章,曾被毛泽东主席称赞为支持"小人物"。并由此引发了全国范围内对《红楼梦》研究的一场大讨论、大争鸣。《文史哲》的影响也很快扩大到全国。作为新中国创办最早的高校文科学报和人文社会科学杂志,《文史哲》一直以刊载高水平的学术文章饮誉学术界,一大批学者的得意之作,送交其发表。"在上面发表一篇文章，顿有一登龙门之感"（季羡林先生语）。

如今《文史哲》已走过了五十六年的风雨历程，这是一段几乎和我的年龄同样长的历史。由于父亲刘健飞的一段经历而使得我们兄妹对于《文史哲》才有了一份特殊的感情，尽管留在我记忆中的那段四十六年前的往事似乎又是那么模糊，因为那时我才10岁。

这还要从父亲蒙冤开始说起。1957年父亲作为山东省教育厅的副厅长在出席全国宣传工作会议期间，参加了毛泽东主席在中南海颐年堂召开的有关普通教育问题的座谈会，汇报了山东省有关普通教育问题工作情况，聆听了毛主席同七省市教育厅局长的谈话。就在父亲刚从北京回来，面对全省的大、中小学教师作了整风动员报告后不久，自己却遭到了厄运。先是因匿名信问题搞成冤案受到批判斗争，到1958年整风补课中，又受到重点批判，1959年5月被错划为"右派"受到开除党籍、撤销党内外职务、留用察看的处分。已经五十多岁的父亲被剥夺了正常工作的权利，被发配到山东大学去干图书管理员的活，并住进了多人一间的单身宿舍。后来我们全家就搬出了教育厅的大院，我们兄妹几人随母亲住进了母亲工作单位的宿舍。那时我刚上小学，印象中父亲不常回家，一次大概是"五一"还是"十一"记不清了，老保姆带我和哥哥姐姐去看爸爸，在爸爸的宿舍里，我们用筷子当擀面杖擀饺子皮，用爸爸的饭盒在同宿舍工人帮爸爸做的小电炉（一块耐火砖，抠上槽，嵌上电炉丝）上煮水饺吃。

1958年山东大学由青岛迁来济南，地点是在历城洪家楼原山东农学院的校园，在那时绝对是远离济南市城区的，校园外都是农村的庄稼地。父亲一开始在山大图书馆也就是干点抄抄卡片之类的事。记不清是从什么时候，父亲开始时不常地回家来了，有时带回一些稿件，送给同一个宿舍大院里住的省委宣传部有关负责同志审阅。后来我才得知从1961年4月父亲被宣布"摘掉右派帽子"，由山大图书馆到了山大历史系当副主任，虽然问题仍未彻底解决，未恢复党籍和工资级别等，但父亲总算被安排工作了。

自1961年5月父亲开始负责筹备《文史哲》的复刊工作。《文史哲》自1959年停刊，到1961年开始筹备复刊时，已过去两年多了，因为当时正处于我国三年经济困难时期，基本上是白手起家，什么东西也没有，资料也不多。原来旧的东西也留下很少，甚至连办公室的桌椅板凳都不齐。一开始只有父亲和顾琴芬同志两个人。父亲全面负责，顾琴芬实际是作为他的助手。顾琴芬是山大历史系1956年毕业后留校当老师的。自1961年调到《文史哲》和父亲一起开始筹备复刊以来，就再也没有离开过，一直在《文史哲》编辑部干到1996年退休，可谓见证过《文史哲》风雨历程的老人了，退休后还被返聘了两年。2006年底，我在济南的哥哥曾通过《文史哲》编辑部找到了已退休在家的顾琴芬老师，并请她回忆了和我父亲一起为《文史哲》复刊所做的许多工作。所以文章中所叙述的当时的情况大都是哥哥根据顾琴芬老师的回忆而整理的。

当时的编辑部设在山东大学新校文史楼一楼的西头。顾老师回忆说："就我们两个人，我当时毕业也没多久，什么也不懂，我那摊工作也非常具体呀。从无到有，从来稿登记——来稿登记簿自己设计，审稿意见簿也自己搞——一审二审，这些都是很琐碎的事情，什么事都请示他，都是你爸爸很耐心地告诉我怎么怎么的，都是他指导我。他对我是很好啦。我觉得他简直就像慈父一样对待我。""那个时候是比较困难的,我记得那个时候就我们两个,也没有人帮我们的。编辑部那个书架不够用,我们两人到老校去拉,他在前面拉着地排车,我在后面推。我当时就想,哎呀,这么个大干部,干这种力气活,我真的是很佩服你爸。他完全没有架子的,铺下身子实干,连这些事情也都自己干。那个时候他等于是主编啦(虽然由于历史的原因,没有正式任命)。他当时是主编(实际上父亲一直肩负着主编的职责),有一个编委会,是各个系的教授组织,《文史哲》每一期定稿都经过编委会讨论,但是你爸爸的人文科学的功底是相当深厚的,他可以把这个全部掌握起来的。虽然是有编委会讨论,最后决定还是在他手里。决定用哪些文章呀,审核文章的观点呀、论述呀,直到文字表述他全部都要管,都要负责审核。我呢,就是干点具体的工作。"

我们兄妹至今仍然珍藏着父亲精心保存下来的曾经浸透着父亲大量心血的《文史哲》1961年复刊号。翻开封面,看到第一页是父亲亲自起草的《复刊词》,一种亲切感油然而生。复刊词这样写道:"《文史哲》重新和广大读者见面了。它的复刊不是偶然的。在党的'百花齐放,百家争鸣'方针指导下,近几年来,山东学术界和全国一样,在研究文学、历史以及哲学等方面的理论和实际问题中,提出问题,发表不同意见,进行自由讨论的空气,日益活跃起来。特别是一九六一年春季党号召进一步贯彻执行'百花齐放,百家争鸣'的方针,山东省委召开了二百方针座谈会之后,山东省学术界的学术讨论、学术研究活动,随着出现了新的气象;这种情况迫切需要及时开辟一个自由评论、百家争鸣的园地。""复刊后的《文史哲》是由山东大学、山东师范学院、曲阜师范学院、山东省委党校、山东历史研究所、山东哲学研究所、山东省社联、山东省文联等单位在党的领导下，共同举办的文学、史学和哲学等方面综合性的学术期刊。"《文史哲》1959年停刊前封面上有"山大学报之一"的字样，复刊时没再写。顾琴芬老师回忆说，因为那时不仅仅是山大学报了，那时编委会也有山师的田仲济等，还有社联的，党校的都有，不光是局限在山大本校了，已经是作为省里的学术期刊了，而且是全国发行。再往后，现在连国外也发行了。《文史哲》1961年复刊号除了发表了山东省委宣传部文艺处鲁特同志《谈谈文艺为政治服务的问题》的文章，还刊发了萧涤非的《关于王维的山水诗》、冯沅君的《古典戏剧中浪漫主义初探》、李希凡的《漫谈革命传奇的情节和形象的创造》、赵纪彬的《墨子对孔门逻辑思想的批判继承和发展》、杨向奎的《论葛洪》等七篇学术论文。还开辟了学术动态、小论坛等专栏。

哥哥采访中给顾琴芬老师看了1961年复刊号的复印件，当看到第一篇文章是鲁特同志的，顾老师记起来了，说鲁特当时是省委宣传部文艺处长。"那时我们编辑部人很少，好像他们文艺处是我们专门请的审稿单位。每一期，文学的送到文艺处，历史的送到历史研究所，还有理论的送省委理论教育处，都是分头送审。原稿分别都送这些单位请他们提意见，回来我们汇总，然后你爸爸统一改稿子，都是那么搞。那个时候我年轻呀，骑了个车子，满处里跑。像他们文艺处、历史研究所、省委理论教育处等不光审稿，清样出来以后还要送给他们去看清样，完了以后还要去拿清样，最后定稿还要征求他们的意见。《文史哲》这个面很广啊，文、史、哲、经，社会科学基本上都包括在里面了。所以我印象里你爸爸很了不起，功底很好，各门学科他都能统起来。"

《文史哲》从1962年第1期起，杂志封面上的"文史哲"三字的字样作了调整，并一直沿用至今。父亲曾说过《文史哲》封面上刊名三个字是他挑选放大的鲁迅手稿上的字。对这件事我似乎还有点儿印象，记得父亲有一天回家，拿出一个新买的放大尺，还曾和哥哥一道研究使用的方法。放大尺是一种利用杠杆原理放大图样的木制文具，现在早已没有人用了。现在想来，当时父亲和顾琴芬就是利用这把放大尺把在《鲁迅手稿选集》里找到的字样放成刊物封面需要的大小。父亲对鲁迅的墨迹一直非常欣赏。尤其对《鲁迅手稿选集》倍加珍爱，《鲁迅手稿选集》后来又出了续编、三编、四编，他都购买珍藏起来。父亲从鲁迅手稿中找了比较协调更加好看一点的"文史"两字，加上原字样中的"哲"字。新组成的这三个字作《文史哲》封面上刊名，字体更加圆融典雅，端庄流畅，连在一起有一种隽永的文化气息。可能是时间来不及的原因，1962年第1期仅仅封面换了"文史哲"字样，里面封二、封底的"文史哲"字样没换，直到1962年第2期才统一改过来。对于这一点也得到顾琴芬老师的证实："改这个字体是我们两个商量的。后来一直采用这个，到现在也没变体。上次我去编辑部，他们说这个封面很有特色很好，一直就用着。因为刊物改大，封面字改成竖排，字体还是当时我们选的那个。"谈到这里，顾琴芬老师深有感慨地说："你爸爸那一段时间为后来《文史哲》打下了很好的基础。他工作勤勤恳恳、一丝不苟的作风，对我的影响相当深，可以说我得益于一生。在《文史哲》编辑部工作搞了几十年，我一直继承你爸这种勤勤恳恳的、认真负责的、一丝不苟的精神，他在编辑部里是有名的最细致、最认真的人了。"

从 1961 年 5 月至 1964 年 12 月父亲在负责《文史哲》编辑部工作期间，共编辑出版《文史哲》21 期（总 77 期—97 期），父亲 1964 年 12 月离开编辑部后由孙衷文负责编辑部的工作。在近四年的时间里，可以说父亲为《文史哲》的复刊及《文史哲》在 20 世纪 60 年代的发展作出了不可磨灭的贡献。历史是不会忘记的。《文史哲》编辑部在父亲离开《文史哲》许多年后，也一直按期给父亲寄送《文史哲》，直到他 1985 年定居老家安徽巢湖市后，还是一期不拉地给他寄。顾琴芬老师说，我们一直是有固定名单的。在父亲去世后，我们整理父亲留下的书籍资料时，在一大摞《文史哲》刊物里，还发现父亲阅读其中文章时作的标记。父亲直到 1992 年去世前一直都在关注着《文史哲》的发展。

2007 年 6 月写在父亲节前夕

（原载 http://blog.sina.com.cn/s/blog_3ee96f90010009v9.html，2008 - 10 - 22，此次发表，文字略有改动）

回忆编辑工作中的二三事

龚克昌

我是1974年中到《文史哲》编辑部工作的,屈指算来已有38个年头了,可说是《文史哲》编辑中的元老了。在编辑过程中,曾遇到一些难题,处理得不尽如人意,可说是经验教训。但令我颇为自慰的是,被认为《文史哲》复刊(1973年,只出一期)后六年内所发表质量最高的三篇文章,竟都是我编发的。个人在长期的阅稿编辑过程中,也提高了自己的审辨能力,而并非如人所说,编辑是"为他人作嫁衣裳",吃亏了。

一

我查阅《文史哲》目录,看到1974年第3期(当时为季刊)发表张伯海评《红楼梦》论文——《建筑在累累白骨上的天堂》和发表在第4期上另一作者写的《大观园的造反生力军》,这是我在《文史哲》数十年间编发的其中两篇评论《红楼梦》的论文。这事给我留下极深的印象。因为在"文革"中,经常传闻毛主席推崇《红楼梦》，说不读《红楼梦》就不知道什么叫封建社会等等。又说《红楼梦》不读五遍，没有发言权。我当然遵循领袖的教导，反复读《红楼梦》，前后不止读五遍。"文革"中还替中文系编选一本《红楼梦论文集》，并请蒋维崧先生刻图章印在封面。我还积极参与一些老师撰写发表评论《红楼梦》的论文。但随后又频频风闻：毛主席认为所有评《红》文章都不是马列主义的。我们因而泄气，不再写评《红》文章了。我到《文史哲》后，有关评《红》的文稿不少，但我凭感觉，以为这些来稿与我们的思考差不多，也当不是马列观点的，因而不大敢选用。后收到张伯海等投来的两篇论文，以为角度较新，也就大胆选登了。此后数年，我仍不大愿刊发评《红》论文。20世纪80年代后期，收到北京一位老先生写的一篇考索曹雪芹家族的长文，从清一直追溯至宋，近3万字。我心想，按此写法，还可追溯到曹操、曹嵩、曹腾，了无尽期。但有关领导指示，全文照登。结果是1991年我到新加坡参加汉学会，不巧会上有几个搞"红学"的名家，讨论中竟也对《文史哲》刊发此文提出异议。在对待"红学"问题上，我好像极其容易受到外界的干扰，行止失据，不知如何是好，这当是我应吸取的教训。

二

20世纪80年代初，北京频频传来臧克家、杨向奎等人口信，说殷孟伦先生《试论唐代碎叶城的地理位置》（《文史哲》1974年4期）、陆侃如先生《与刘大杰论杜甫信》（《文史哲》1977年第4

期）和萧涤非先生《关于〈李白与杜甫〉》（《文史哲》1979年第3期）等三篇，是《文史哲》复刊六年内质量最高的论文。

陆侃如先生系我读研究生时的三位导师之一。他原为山大副校长，一级教授，兼山大图书馆馆长、九三学社中央委员等等。但1957年被错划为"右派"后，一切头衔顷刻化为乌有。他被整得小心谨慎，经年累月只知道写检查、向党交心、提交入党申请书等等。数年间山大收存他的档案材料有几尺厚（他原属省管教授，档案在省）。但"四人帮"垮台后，他夫人冯沅君教授早已仙逝，自己身体也彻底垮了，整日卧床不起，可是他的思想不知从什么时候起发生了巨变。我每次去探望他，他都要说某某领导向他借钱不还，个人的存款被扣自己不能自由支配，学校为什么不给他落实政策①等等。每说到伤心处，他都老泪纵横，泣不成声。有一次，他交给我一封信——即《与刘大杰论杜甫信》，问能不能在《文史哲》上发表，他是很希望发表的。

此信是批评复旦大学刘大杰教授在其新版《中国文学发展史》（陆先生只看到该书杜甫章节大字本，全书尚未印行）中把杜甫说成法家。陆先生以为此说有误。他马上通读《杜甫全集》，把杜甫诗文中凡牵涉历史上儒法两家人物的文字都细加分析，最后得出结论：杜甫不是法家人物。

刘著《中国文学发展史》是为适应"四人帮"批儒评法的需要而作的。陆先生此长信写好后，即寄给刘大杰本人，但得不到回音。可能连刘大杰本人也做不了主。当时"四人帮"还极其嚣张，

---

① 陆先生1978年12月逝世，山东省委1979年10月才给他平反。

陆先生的批评肯定是要冒着风险。

陆先生的长信发表后，山大有人找蒋捷夫先生（他是《文史哲》编委会主任）告状，说陆侃如"文革"中所戴多顶帽子尚未摘掉，怎么发这样人的文章？这是蒋捷夫先生亲口对我说的。可见在当时有些人的心目中，陆先生是没有资格发表文章的，更何况批评罕见的"文革"中出版物。

萧涤非先生的文章是在我多次鼓动下写的。1972年，我在曲阜山大书店买到郭沫若写的《李白与杜甫》。当时全国就只出版郭老这本有点学术味道的书，我当然马上阅读。但我越读越觉得不是滋味。我在书上写了许多批语，认为郭老扬李抑杜太出格，投人所好。为此我借了仇兆鳌的《杜少陵集评注》细细阅读，写了厚厚一本笔记。有一次曾繁仁同志到我住处，看到我在阅读仇著，微笑着点点头，他知道我的用心。因为书中也讥刺萧先生等杜甫研究专家，所以我极盼萧先生作文回答。前后鼓动萧先生不下三四次。萧先生很厚道，不愿给郭老难堪。所以他先批了"梁效"评杜甫，最后才写了题为《关于〈李白与杜甫〉》的文章，题目上仍不愿直点郭沫若的名字。

殷孟伦先生的论文是我听说后到他家要来的，我只做了一点编辑工作。殷先生是一个饱学才子，自幼聪明绝顶，二十几岁即出版《汉魏六朝百三家集题辞注》，此书至今仍被视为经典之作。他又翻译了中国辞赋界少有的日人铃木虎雄的《赋史大要》。但才子往往有点浪漫，不拘行止。他的稿子往往需要文字加工。我为此问蒋维崧先生。蒋先生告诉我，你给他修改文章不要紧，反正他不知道。他的文章我略作删削修饰就发出去了。

总之，我为老先生们刊发这些文章，都花了些心思，但这都是编辑分内的工作。

三

我初到《文史哲》，是借用的。当时中文系主任章茂桐对我说："《文史哲》没有文学编辑，想借你去帮忙，你愿意吗？"我稍加思索即说："我可以去，但我如果想回系里教书，你们不能阻拦。"章茂桐表示去来由我，所以我就到《文史哲》帮忙了。

当时《文史哲》在化学楼二层大会议室，只有几张桌椅。戴述雨以编辑部副主任的身份做政治编辑工作，史学通为历史编辑，我是借用的文学编辑，顾琴芬负责编排，总共只有四个人，每人分管一摊。我看到给我的办公桌上高高地堆满了文学稿，足有数百篇，长期无人处理。因为当时全国高校只有山大《文史哲》和复旦《学习与批判》两个刊物，又时常搞大批判，所以来稿极多，每天寄来的文学稿都不下十篇。我当时还算年轻，身体很好，就不分昼夜地阅稿。拟用的，留下来仔细修饰；不用的退还，但要亲自复信说明。我还要阅读报刊有关文章。举几个例子：北京有位所谓名人写了一篇评荀子《赋篇》的论文，我花了两天时间加以重写，因为难得收到一篇有关辞赋方面的论文。又如有一位大学教师带学生到乡下实习，回来写一篇论文送来，我一看，似曾相识，细细回想，想起天津某文艺刊物发过类似文章。找来此刊物一对照，果然查出此文有抄袭倾向。只好放弃不用。类似情况不少。

　　大概因为文学方面来稿太多，我又颇为认真，篇篇必读，取舍必复，用心太剧，因而两年后就觉得心头时时隐隐作痛，医生说可能是神经痛，吃点谷维素就好了。我照医生嘱咐办，但疼痛并没有消除。后经心电图一查，说我心脏出了问题。时在 1976 年 10 月，我到《文史哲》工作才两年多。

　　但我到《文史哲》编辑部工作收获也很大，因为整天看稿，阅读的范围拓宽了，眼睛渐渐明亮多了。可举一个例子，有一次收到一篇评《西游记》的文章。我一看其行文，就断定作者是个新手，不出中学生文化水平。审查者不以为然，主张刊发。后来事实证明，我的判断是正确的，这篇文章是出自一位高中尚未毕业的转业军人之手，其人只是喜欢《西游记》，时时练写一些短文而已。

2011 年 1 月 20 日于山东大学

丁冠之主编的为编之道

刘京希

"出玄入道熏沐往哲一代高文多灼见,编刊荐才奖掖后进千秋儒林传嘉风。"这是广璜兄为《文史哲》编辑部前任主编丁冠之先生追悼会拟就的一副挽联。挽联精当地概括和凝练了丁主编一生的为人、为学与为编。值《文史哲》创刊60周年之际,我作为一名有幸与丁老师共事多年、并深受其教诲的后学,谨就丁老师的为编之道略记一二,以资纪念。

"可要好好干呀!"

我1985年大学毕业后,即被分配至《文史哲》编辑部从事编辑工作。读大学期间,《文史哲》的声誉于我已是如雷贯耳,没想到自己竟有如此际遇,与在学界享有崇高地位的学术名刊结下不解之缘。

还记得报到前的几天,心中不免经常想象名刊主编的形象:一定会是一个满脸严肃、不露声色的长者。想到这些,心中不免有些惴惴。及至去办公室报到时，心中的一块石头方才落地。

办公室在数学楼二楼，一个既像办公室又像会议室同时又似资料室的大房间，约有四五十平方米的样子。离门口不远的地方，摆着一张深绿色的乒乓球台，球台的后面，是几排挤满书刊的高大的书架。在球台与书架之间的一把陈旧的椅子上，端坐着一位面色红润的长者，一手握着一个白瓷茶杯，一手捏着一支点燃的香烟。在办公室刘主任的介绍下，始知这就是《文史哲》的丁冠之主编。与自己的想象恰恰相反，面前的长者和善而慈祥，没有一丝严肃而令人生畏的影子，自己有些紧张的情绪也就慢慢地放松下来。

丁老师先是了解了一下我的基本情况，然后就编辑部的基本状况和工作流程向我作了详细的介绍，并就我的工作问题作了初步的安排，嘱我在工作过程中多向有经验的老编辑请教。这些我都一一记下。

初次见面，丁老师给我留下印象最深的，是这样一句意味深长的话："小刘，我们只是给系里要了一个名额，也没有去调研和考察，你的情况我事先一点儿也不了解。既然来到这里，我们就是一家人，你可要好好干呀。"这句包含着期望和责任的话，时常萦绕耳际，至今难以忘怀。

"丢了命，也不能丢了稿子！"

初入编辑行当，大都是从编务做起。我刚进《文史哲》编辑部的时候，编辑工作之外，兼做稿件登记、联系兼职编辑、跑印刷厂等杂务。其中，最喜欢的活儿就是跑印刷厂，送稿子、取（送）清样。因为跑印刷厂能意外"享受"到校领导的待遇。

20世纪八九十年代，《文史哲》杂志一直是山东省新华印刷厂负责印刷。选择省新华，原因大概在三个方面：第一，历史的原因，杂志的版权页上，出版者标注为山东人民出版社，这可能是杂志在省新华印刷厂印制的一个重要因素；第二，省新华印刷厂的印刷质量高，且"重合同守信誉"，每期都能按时交付，从不拖期；第三，可能也是最为重要的一条，是省新华的校对水平高。省新华的校对车间，集中了省内印刷行业最为整齐和庞大的校对队伍，好像有四五十人的样子。而《文史哲》的刊文，古典的居多，常常有生僻字出现，有时甚至需要临时造字，这正好为省新华的排版和校对师傅们提供了用武之地。甚而至于，作者和责任编辑没有发现的讹误，也逃不过他们的眼睛。所以，《文史哲》交给省新华，放心！但是，由于省新华地处济南市西南方向，距地处东部偏北的山东大学，约有二十余华里的距离，在交通还很落后的八九十年代，往来十分不便；尤其是，送取的稿件，在编辑人员的心中，都是极其宝贵的，所以，每次送取稿件或清样，都是编辑部以单位的名义向学校车队要小车，专车接送。现在看来，这实在不算什么，但在那个时候，享受到"坐小车"的校级待遇，还是很有满足感的。现在的编辑部办公室主任耿玉晶和作为刚刚走出校门的我，都没少享受这等待遇！

每次去省新华，丁老师都不忘再三叮嘱："可要拿好稿子。丢了命，也不能丢了稿子！"是的，不光在丁老师眼中，即使在我们普通编辑眼中，也把稿子看得比命都重要。原因很简单，那时候的稿件，大多都是手写"孤本"，编辑部没有底稿，没有复本，一旦丢失，就无法弥补，更难以向作者交代。所以，耿老师到现在还清楚地记得，每次去省新华送稿件，即使是坐在"专车"上，也不忘习惯性地把那包视如生命的"宝贝疙瘩"紧紧地抱在胸前。

一词之师

于光远先生谈到治学时曾经说过："学者之为学者，就是善于咬文嚼字。"无独有偶，丁老师也一贯认为，当一名合格的编辑，尤其是学术期刊的编辑，面对的都是善于咬文嚼字的学者，更要学会咬文嚼字。

记得我初为编辑时，收到一篇稿件。经过初审、复审程序后，转交丁老师终审。过了一段时间，稿子审回。丁老师在与我交流审稿意见的时候，除了正常的对终审意见的说明，还特意就稿件中的一个表意词语的使用的"小问题"，和我交换看法，实则是教我做编辑的道行。文章在表述"纷繁复杂的社会现象"时，采用了"目迷五色"这一鲜为人们使用的成语。我觉得这样表述不仅鲜明贴切，而且还很形象。但丁老师不很赞同作者的这一用词，认为换用"眼花缭乱"更为合适。我不解，觉得"眼花缭乱"太普通了，不如"目迷五色"来得新鲜。丁老师这样解释道："写学术文章，不是写文学作品，一味追求鲜活、新奇。学术文章贵在平实扎实，靠说理取胜，而不是靠文采取胜。"这件小事虽然已经过去二十三四年了，但至今仍历历在目。事情虽小，却有深深的教益。

"眼高，手也要高"

作为主编的丁老师，时常教导大建、平生和我等几个刚刚从事编辑工作的小字辈，如何提高自己的编辑技能和水平。

丁老师常对我们说起的一句话就是："人常说'眼高手低'。初为编辑，'手低'不要紧，但眼一定要高。眼高才能选出好文章。"当然了，这只是他对我们几个初为编辑者提出的基本要求。随着我们几个人的编辑工作渐入佳境，他也循序给我们提出了更高的要求："你们也要写文章，要经常练手。不仅眼高，手也要高。"正是得益意于丁老师的循循善诱，我们几个小字辈在编辑工作之余，都结合所学，挤时间从事专业研究工作，不时有文章见诸报章杂志。这些，丁老师都看在眼里，打心眼里为我们几个高兴。他还时常在业务会议之余，专门对我们几个年轻人说一些鼓励和鞭策的话，以培养我们作研究的兴趣。在丁老师的严格要求下，几个小字辈经过这样不停地"练手"，不光是眼光高了，手也"高"了起来。随着研究工作的展开和科研水平的提高，我们几个小字辈对学界的研究动向也更加了解，组织起稿件来也就更加得心应手。

"做一个学者型编辑"

"做学者型编辑"，是丁老师极力倡导和反复强调的学术期刊编辑的努力方向。"学术期刊的编辑，不同于一般期刊的编辑，我们面对的，往往都是本学科的专家。所以只有努力提高自己，掌握各自所责编学科的研究动向,才能更好地与专家沟通,找准并抓住选题。"

在编辑部的业务会上,在省高校学报研究会的青年编辑培训会上,丁老师总是不厌其烦地灌输他的这一编辑理念。他不仅是这样说的,也是这样做的。他自己就是国内外久负盛名的魏晋南北朝哲学史、思想史研究专家。1980年他在《哲学研究》上发表的《嵇康哲学思想研究》和收入《中国古代哲学家评传》的《嵇康评传》,揭开了嵇康哲学研究的新篇章,奠定了他在玄学研究领域的地位。

在丁老师的言传身教下,在编辑之余,大家尽可能地挤出时间从事专业研究工作,编研结合,编研相长,互为助益。也正是得益于"编研结合、编研相长"的编辑理念,《文史哲》厚重、扎实的传统风格,才得以不断地发扬光大。而今,做学者型编辑,已经成为《文史哲》编辑部的光荣"编统"和"学统"。

我与《文史哲》

韩凌轩

我于1960年山东大学历史系本科毕业，1964年山东大学历史系中国现代史专业研究生毕业，先后在辽宁大学历史系、济宁市委党校、"五七"干校工作。1978年5月调入《文史哲》编辑部工作，至1997年5月退休，在《文史哲》工作20个年头，其中任主编、副主编15个年头。可以说，我一生最宝贵的年华，除了虚掷在十年"文化大革命"的荒唐岁月之外，其余部分全部贡献给了《文史哲》的编辑事业。我的一生与《文史哲》结下了不解之缘。

我进入《文史哲》的那一年，是《文史哲》创刊的第27个年头，"文革"后1973年复刊的第5个年头。那时，《文史哲》已经从山东大学的同人刊物成长为海内外学界瞩目的参天大树。她经历了创业的辉煌，也饱受过狂风暴风的摧残。1970年代末，经历了十多年严冬式摧残的祖国，终于迎来了含苞待放的早春。早春天气乍暖还寒，还残留着严冬的余威。"四人帮"穿着马克思主义外衣的封建专制主义思想的影响还残存在人们的头脑，他们对各类各门学科的理论扭曲和破坏，亟待拨乱反正。揭批"四人帮"的极左理论，冲破他们设置的重重学术禁区，恢复与探索各学科的理论体系的本来面目,是当时学术界面临的急迫任务。

在这样的社会环境中,面对着这样的学术现状,来到一个在学术界久负盛名的重要刊物的编辑部当一名编辑,对于任何一个有责任心的学人来说,都会令人感到压在肩上的是一副沉甸甸的重担。从编辑社会学的角度说,学者只不过是学者与学术刊物之间的中介,来自学者的作品,经过编辑的选择、加工,发布于学术界,成为公共文化产品。可是,从学术发展的角度说,如果把学术界比作一个大舞台,学者们就是舞台上的各种角色的演员,那么,舞台上一幕幕活剧的组织者、推动者就可以说是幕后的导演。一位大学校长曾经私下说,一位大学校长就是一所大学,那么,我们似乎也可以说,一个有着重大影响的刊物也是一所大学。

当然,那时我并没有想这么多,只是想《文史哲》是我的业师们创下的基业,现在接力棒传到我们的手里,无论如何要把这一棒跑好。我到《文史哲》编辑部的时候,参与《文史哲》创刊的老师,例如副社长吴富恒先生,第一任主编杨向奎先生,常务编委葛懋春先生、卢振华、殷焕先生,编委王仲荦先生、朱作云先生、赵俪生先生、黄嘉德先生、刘敦愿先生、孙思白先生等还健在。老师们鼓励我们说,只要把新老作者团结起来,不断培养学术新秀,《文史哲》肯定能办得更好。从当时以至在后来的编辑工作中,我逐步形成了如下的想法:要办好《文史哲》必须重视学术界的拨乱反正;必须捕捉与反映学术界的热点问题,促进学术发展;必须关注与反映学术发展的新领域,适应学术发展的新要求;必须关注和培养一批有才华的青年学人;必须强化普遍主义理念,使《文史哲》走向世界,促进学术的国际化。

一、要办好《文史哲》，必须重视学术界的拨乱反正

长期以来，极"左"思潮和"四人帮"的封建专制主义对国家各条战线的破坏是极其严重的，学术界尤其是重灾区。因为，他们的破坏正是从理论和学术界开始的。从新中国建立之初批判资产阶级思想开始，解放前已经建立起来的社会科学各学科——政治学、社会学、法学、经济学等统统从高校与科研机构中砍掉。当时的文科被称为"哲学社会科学"，实际上社会科学的各学科一个也没有，只有传统的中文学科、历史学科和外文学科。一些学者只好被迫改行。例如政治学博士吴恩裕被迫研究《红楼梦》，歪打正着成了著名的红学家。历史仅仅被视为阶级斗争史、劳动人民的历史。中共党史被歪曲为两条路线斗争史，错误路线的代表人物只能批判不能研究。1959年，山大中文系编写《中国人民文学史》，历史系编写《中国人民历史》，文化史、社会史被排除在历史研究的视线之外。在"文革"期间影射周总理的"批林批孔运动"中，中国古代文化的代表人物孔子被骂为"万恶圣人家"。很快"批林批孔运动"又发展为"评法批儒"运动，历史又被歪曲为儒法斗争史。学术界的拨乱反正，任务艰难至巨，绝非一日之功。除了在一段时间内集中进行之外，大量的工作还必须结合学术研究的深入发展来完成。《文史哲》1978年第1期发表《论吕不韦》一文，揭露"四人帮"及其喉舌罗鼎之流在吕不韦及《吕氏春秋》问题上歪曲历史，目的在于影射周总理，为篡党夺权大造反革命舆论。1979年，借纪念"五四"运动60周年之机，《文史哲》第2期、第3期上发表了《"五四"以来反封建文化运动之史的考察》、《中

国现代史上的启蒙运动》、《陈独秀在五四时期的历史地位》、《试论五四新文学运动中胡适的历史作用》等文章,正面肯定了陈独秀、胡适等"五四"新文化运动倡导者的历史地位。

由于极"左"思潮的影响,在中国近代史研究领域,以两个过程(即帝国主义和中国封建势力相结合,把中国变为半殖民地和殖民地的过程,也就是中国人民反抗帝国主义及其走狗的过程)为理论基础的"三次革命"(即太平天国革命、义和团运动和辛亥革命)说长期以来独霸中国近代史学坛,一花独放,神圣不可侵犯,并把它作为中国近代史分期的唯一标志。为了改变这种局面,促进学术研究的多元化,我们在《文史哲》1983年第3期组织了由著名中国近代史专家胡滨、孔令仁等参加的"中国近代史基本线索问题"笔谈。胡滨先生指出:"三次革命高潮"说忽视了中国近代社会经济的变化,不足以反映中国近代社会经济发展的规律。后来,"四人帮"又把"两条路线斗争"和"儒法斗争"说成中国历史(包括中国近代史)的基本线索。半封建半殖民地的中国面临着争取民族独立和谋求社会进步(发展资本主义)两项根本任务,这两项任务构成中国近代史的基本线索。孔令仁先生认为,以1900年为界,中国近代史可划分为农民革命与资产阶级革命两个时期,农民革命和资产阶级革命都是中国近代史的主流。戚其章先生认为,"洋务运动—戊戌变法—辛亥革命"这条线索因为忽视了农民在中国近代史上的地位,也不能概括全部中国近代史。他认为鸦片战争—太平天国、洋务运动—中日甲午战争、戊戌变法—义和团运动—辛亥革命,这是中国旧式资产阶级民主主义革命的三个连续递进的历史阶段,构成了中国近代史的基本线索。这几位先生的意见,虽然未必完善，但对于打破"三次革命高潮"说的一统天下，拓宽中国近代史研究的思路，推动中国近代史研究的深入发展，其意义是不可低估的。

极"左"思潮对历史研究的另一个重要影响是片面理解唯物史观，使文化史研究几乎排除在历史研究者的视阈之外。一个严重的事实是，从1919年到1949年的30年，国内出版的文化学和文化史著作，大概170多种，而从1949年至1979年的30年只出版了一种，那就是为纪念中华人民共和国成立30周年于1979年10月1日由湖南人民出版社出版的、短时间内仓促写就的仅114页的《中国文化史要论》。为了改变这种极其严重的状况，我们在1984年第1期组织了由著名文化与文化史专家庞朴、蔡尚思、胡道静等先生参加的"文化史研究笔谈"，呼吁加强文化史的研究。庞朴先生指出：当我们用唯物史观去战胜政治史观，用前人史实去重新叙说历史的时候，我们的注意力，往往局限于经济和政治两个领域，对于鼎足而立的文化领域，则缺少应有的重视。大有一谈文化便落入唯心陷阱的隐忧。其实历史事实并不那样简单，唯物史观也并非如此片面。注意文化史研究，并不等于文化史观。资产阶级提倡过文化史观，他们把文化说成是人类历史中起决定作用的要素，用文明的划分来混淆社会形态和国家的实质。现在西方一些人类学者和历史学者，又在用"文化"一词来概括人类的全部活动，把"文化"定义为生活方式；在研究历史时，主张抛弃经济、艺术、宗教、巫术这样一些历史科学的范畴，白描各个时代各个地域的各种生活现象，提倡致力于叙说单个社会的文化上的特殊性。唯物史观不是这样。它捉住了人类生活的基本方面，也不忽视派生的方面；它重视研究单个社会的特殊性,也强调同类社会和各类社会的共同性;它不拒绝描述具体现象,但这种具体已是经由思维掌握了的具体。可以肯定,在这样的观点指导下,在对历史的经济分析、政治分析已经做了大量工作的今天,一旦把眼光分向文化领域,历史研究一定能取得像文化本身一样的五彩斑斓的成就。蔡尚思先生除了指出解放后轻视文化史研究的严重状况之外,重点谈了文化通史的编写与研究工作。他认为,文化通史的研究与编写应注意以下几点:1. 以学术思想史为中心与基础;2. 文是共同的大门,由文入史、哲及其他;3. 应突出各时代的突出领域和突出问题;4. 文学艺术史、学术思想史、科学技术史、典章制度史等部分应首先研究与写出;5. 要注意空白点、薄弱点的研究;6. 文化史资料极其繁多,要读那些最能代表中国文化的书籍;7. 尽量吸收前人的研究成果;8. 一个人的精力写不出好的文化通史,要发挥专长,分工合作;9. 分阶段,以阶段统领问题。胡道静先生在文章中重点谈了科学技术史的编写问题。

二、要办好《文史哲》,必须捕捉与反映学术界的热点问题,推动学术深入发展

《文史哲》历来处于学术旋涡的中心,主动提出和反映学术界关心的热点问题是《文史哲》的传统。对极"左"思潮和对"四人帮"的拨乱反正,催生了基本理论研究热。1978年3月23日至4月2日在成都召开的中国历史学规划会议上,黎澍先生就中国历

史学规划所作的重要讲话中提出要加强史学理论研究。一石激起千层浪。这个讲话,立即引起广大史学理论工作者和非史学理论专业的学者们的关注和响应。1979 年史学界出现了"建国以来少有的盛况"。1980 年代初迅速形成了史学理论研究的热潮。先后出版了三部史学理论专著:葛懋春、谢本书主编的《历史科学概论》(山东教育出版社 1983 年出版),白寿彝主编的《史学概论》(宁夏人民出版社 1983 年出版),田昌五、居建文的《历史学概论》(河南人民出版社 1984 年出版)。这三本填补空白的著作,极大地激发与鼓舞了广大史学工作者研究史学理论的积极性,各种名目的史学理论和研究方法著作及外国史学理论译著如雨后春笋,相继问世。为了推动史学理论研究的深入发展,我们先后发表了葛懋春的《论史论结合中的几个问题》(《文史哲》1982 年第 2 期),田昌五的《两种历史观》(《文史哲》1983 年第 2 期),葛懋春的《关于加强史学理论研究的建议》(《文史哲》1983 年第 4 期),葛懋春、项观奇的《浅谈历史科学概论的对象和体系》,赵俪生的《我对"史学概论"的一些看法》(《文史哲》1985 年第 2 期)等文章,探讨史学理论建设的诸问题。田昌五的《两种历史观》批评了史学界流行的一种观点。这种观点认为:唯物史观与唯心史观的区别"在于是不是讲阶级和阶级的相互斗争。用阶级和阶级斗争解释历史的是历史唯物主义,反之则是历史唯心主义"。这种观点的错误有二:一是阶级斗争并不是马克思的发明,资产阶级早已提出这个问题;二是否认唯物史观也适用于无阶级社会。区分唯物主义历史观与唯心主义历史观,只能以世界观来区分。"凡是认为社会意识是社会发展之本原的,都属于历史唯心主义;而提出社会存在决定社会意识的,则是历史的唯物主义。"葛懋春的《关于加强史学理论研究的建议》则提出需要加强研究的几个方面及几项具体工作。需要加强研究的几个方面：一是要加强马克思主义经典作家史学原著的研究，总结中外马克思主义史学家的经验；二是加强中外史学史，地主、资产阶级史学理论的研究，吸取其积极成果；三是就新中国成立三十多年来，史学界在教学和研究中提出的重大问题展开深入讨论。几项具体工作是：编辑史学理论研究丛书和史学理论译丛；建设史学理论队伍，培养人才；重视大学史学理论课程的开设。

葛懋春、项观奇的《浅谈历史科学概论的对象和体系》是根据编书过程中的体会，就《历史科学概论》的理论框架提出初步看法，以期引起讨论。他们认为，《历史科学概论》以马克思主义的历史科学作为自己的研究对象，它的任务主要是概括地从逻辑上说明历史科学是什么、怎样研究以及如何写作，可以说是"历史科学学"。因此，它的体系包括以下三部分：一是说明什么是历史科学，包括历史科学的对象、任务、性质、特征、作用以及对承担这一任务的历史科学工作者的要求等。二是论述历史科学的认识特点、研究方法，主要回答怎样对客观历史进行马克思主义的科学研究。这是《历史科学概论》的重点。三是解释历史编纂的一般原则，说明如何以恰当的、完美的形式反映历史研究的成果，达到历史研究的目的。

赵俪生先生的《我对"史学概论"的一些看法》一文，结合自己给大学生讲《马列主义名著选读》、《史学概论》，给研究生讲《史部目录学》的体会，对三本史学概论著作，提出了自己的看法。他认为"史学概论"这门课，先天就带有"拼盘"的性质，不可能不是"拼盘"。问题在于拼得好还是拼得坏。有几盘"拼盘"拼得不怎么好。他说：根据我个人探索的经验，我感到拿课程后半部的"史论结合"内容去把课程前半部"史"是"史"、"论"是"论"的分讲情况统摄起来，是克服"拼盘"性质的有效办法。讲前半部分课程时，学生会有"拼盘"的明显感觉。可是到课程后半部分时，他这种感觉就会逐渐消逝。他认为田昌五书中谈到的"论从史出"和"以论带史"两个提法不合适，就前者带来庸俗化、后者带来公式化的说法提出不同意见。他认为有些"以论带史"会带来公式化，有些"论从史出"会带来庸俗化，但仅限于"选言"，不可"全称"。"以论带史"和"论从史出"是两个循环接合的方法，它是认识论上从抽象到具体、从具体到抽象循环往复历程在史学工作中的反映。他还认为葛懋春说"史论结合"是党性原则的体现，提得未免过高。

史学理论的热潮带来对马克思主义史学理论的反思与研究的新突破。被誉为新时期史学界思想解放潮流的旗帜的黎澍先生，在1980年代初、中期先后发表了《论历史的创造及其他》（《历史研究》1984年第5期）、《再论历史的创造及其他》（《光明日报》1986年7月30日）、《历史的创造者和创造历史的动力》（《历史研究》1986年第3期）三篇文章。文章指出，长期流行于我国学术界、被视为唯物主义原理而实际上带有极左和唯心主义色彩的观点，如"人民群众是历史的创造者"，"起源于苏联哲学家对《苏联共产党（布）历史简明教程》一书中某些观点的引申和附会"。"苏联学者提出的'人民群众是历史的创造者'，在我国一变而为'人民群众是历史的主人'。这个提法，经近代史研究所蒋大椿同志反复查考，判断它的创始人是我们素所尊敬的历史学家范文澜。"黎澍考查马克思和恩格斯的提法后指出，他们从来没有说过人民群众是历史的创造者或是历史的主人。他们经常是提"人们自己创造自己的历史"。"人们"泛指所有的人。列宁和马克思、恩格斯一样，总是说"人们自己创造自己的历史"，没有人民群众是一切历史的创造者或人民群众是历史的主人这类提法。

黎澍先生大胆探索真理与捍卫历史唯物主义基本原理的精神得到史学界的高度评价。青年学者王学典在《文史哲》1988年第1期上发表的《关于"历史创造者"问题的讨论》一文中指出：主要由于黎澍的下述贡献实现了"当代中国史学理论发展史上的第三次重大突破"："（一）人民群众在历史上实际'居于被奴役的地位'。（二）人民群众仅仅是历史的物质条件的创造者，不是全部历史的创造者。（三）'历史是人人的历史，所有的人都参与了历史的创造'。"

当代中国史学理论发展史上的第一次突破是1960年代初至"文化大革命"前夕的历史主义与阶级观点的论战。被誉为高举历史主义旗帜的主帅翦伯赞在这个时期发表了《对处理若干历史问题的初步意见》（《光明日报》1961年12月22日）和《目前史学研究中存在的几个问题》（《江海学刊》1962年第6期）两篇文章。文章指出：评判历史创造者，绝不能从感情和抽象反剥削反压迫的正义感出发，也不应站在历史上被剥削、被压迫阶级的立场上来进行，而应严格按照无产阶级的唯物主义历史观，从生产力发展的角度去把握。同时，必须重视脑力劳动者在历史创造中的地位。劳动人民即使在反抗斗争高涨、实际居于主角地位时期，也只是"反对封建压迫、剥削,但没有、也不可能意识到把封建当作一个制度来反对;反对封建地主,但没有、也不可能意识到把地主当作一个阶级来反对;反对封建皇帝,但没有、也不可能意识到把皇权当作一个主义来反对"。"在写农民战争的时候,不要忘记农民战争是发生在封建时代,不要忘记农民是小生产者,也不要忘记农民并不代表新的生产力。"翦伯赞的"三反三不反"和"三个不要忘记",说明他已经对只有农民战争才是封建社会发展的真正动力的理论产生了怀疑,但并没有从根本上冲破"农民动力论"的束缚,因而没有解决历史创造者问题。

党的十一届三中全会后进行的关于历史发展动力问题的讨论,是历史创造者理论研究的第二次重大突破。刘泽华等的《关于历史发展动力问题》(《教学与研究》1979年第2期)、戴逸的《关于历史研究中阶级斗争理论问题的几点看法》(《社会科学研究》1979年第2期)、戎笙的《只有农民战争才是封建社会发展的真正动力吗?》(《历史研究》1979年第4期)三篇文章揭开了这次讨论的序幕。这次讨论虽然批评了"反攻倒算论"(见《应该怎样估价"让步政策"》,《光明日报》1965年9月22日),但也没有明确回答历史创造者问题。

史学理论讨论和改革开放的深入给黎澍等学者带来了难得的机遇,使他们实现了当代中国史学理论研究的第三次重大突破,得出如下的重要结论:(一)人民群众在历史上实际"居于被奴役的地位"。(二)人民群众仅仅是历史的物质条件的创造者,不是全部历史的创造者。(三)"历史是人人的历史,所有的人都参与了历史的创造"。这些结论说明,在历史创造者问题上,唯物史观正在向自身复归。

王学典在分析了黎澍的理论贡献之后,进一步指出黎澍上述结论的缺陷:认为他的"一些论点、尤其是基础论点,是很不彻底的,以至于不能最终解决历史创造者问题。在黎澍看来,物质资料生产的历史是劳动者创造的,除此之外的历史则是非劳动者创造的。这是他的基础观点。撇开剥削阶级谈论文明时代生产历史的创造,是黎澍这个论点的缺陷所在"。因为这种生产是在阶级对抗中进行的,剥削阶级的一些阶层和集团还以组织者、管理者的身份直接参与了物质资料的具体生产过程。

王学典的文章发表后,我收到黎澍先生的来信,称:"来信收到。我已寄上一稿答王学典同志,想必已经收到。看后有何意见,望告。我不惮反复修改补充。"信中所说来稿即是发表在《文史哲》1988年第3期上的《把马克思主义从庸俗化的教条束缚下解放出来——答王学典同志》。文章回答王学典两点:其一是王学典对他的总体评价基本上是正确的;其二是王学典对他的批评意见。他说:"王学典对我的批评意见,其基本精神我认为是对的,因为我在说到'创造历史的前提即当时社会生产力和生产关系构成的经济条件,好比是舞台'(《论历史的创造及其他》)的时候,确实没有把马克思关于生产力在阶级对抗基础上发展的含义说清楚。……王学典的说明对加深了解马克思和恩格斯的观点是很有意义的,对我也有教益。王学典把我的基础论点归纳为:'物质生产的历史是劳动者创造的,除此之外的历史是非劳动者创造的。'这就完全错了,它恰好不是我的基础论点。我的基础论点,在我的文章里曾经反复强调,只能是马克思所说的'人们自己创造自己的历史,但是他们并不是随心所欲地创造,而是在直接碰到的、既定的、从过去继承下来的条件下创造'。我由此得到的理解是,'所有的人都在制造(创造)自己的历史,物质资料生产者、劳动群众、各国人民有他们的历史,非物质生产者、非劳动群众、各国统治者也各有各的历史。'……说到这里,历史创造者问题似应已可得到一个可谓彻底而又明确的回答,那就是:'人们自己。''人们'是马克思和恩格斯论及这个问题时所使用的词,是一个含义非常广泛的词,包括所有各民族、各国家、各阶级的人在内,而无需一一列举始为'彻底'。"

虽然在某些个别问题上,王学典与黎澍的看法还不尽相同,但是应该说王学典的文章从当代中国史学理论发展的角度对历史创造者的讨论进行了完整而圆满的总结,是一篇不可多得的好文章。

对基本理论的反思还表现在对"五种生产方式"理论的认识和运用上。思想解放冲破了学术禁区,也促进了不同学术观点的争论与学术的繁荣。有学者说"五种生产方式"不是马克思的观点,只是斯大林的观点。斯大林在1938年版的《联共(布)党史》第四章第二节说:"历史上有五种基本类型的生产关系:原始公社制的、奴隶占有制的、封建制的、资本主义的、社会主义的。"为了促进讨论的深入,我们发表了著名蒙古学与世界古代史学者胡钟达(1919—2000)的《"五种生产方式"问题答客问》(《文史哲》1988年第6期)与福建省委党校郑镇的《马克思社会历史进程理论考评》(《文史哲》1988年第5期)。胡钟达教授是我国"无奴隶社会派"的重要代表及该派的有力支持者。1981年以来,他先后发表《试论亚细亚生产方式兼评五种生产方式说》(《中国史研究》1981年第3期)、《再评五种生产方式说》(《历史研究》1986年第1

期）等文章，深入论述了中外历史上"无奴隶社会说"。他在《"五种生产方式"问题答客问》中说：我的文章"在中国史学界关于社会经济形态问题的讨论中，似乎已'吹皱一池春水'。但我个人这里绝非风源。从50年代后期（也就是斯大林逝世不久以后），特别是60年代以来，国际马克思主义史学界，持异议者就不乏其人。争论的焦点是对马克思所提出的'亚细亚生产方式'如何理解和人类历史上最先出现的阶级社会是否是奴隶社会的问题。我承认奴隶制在历史上曾长期存在，但人类历史上最先出现的阶级社会不能称之为奴隶社会；在人类历史上也从来没有出现过一个以奴隶制为主导的所谓'奴隶社会阶级'。不仅在古代东方，不存在'奴隶社会'这一发展阶段，就是古希腊罗马，从其整体来看，也不是'奴隶社会'。在国内，已故的雷海宗教授在1957年就发表过同样的见解"（《世界史分期与上古中古史的一些问题》，《历史教学》1957年第7期）。胡钟达先生从50年代一直到1979年，都是坚持"五种生产方式"说的。他说："就生产关系而论，促使我'转向'的是对黑劳士（希洛人、赫罗泰）型劳动者的属性认识的转变。"马克思所说的古典奴隶或物化奴隶（奴隶为主人完全占有，主人对奴隶有生杀予夺之权）在希腊罗马大致也不会超过人口的一半（要论证古代社会为奴隶社会，至少在其发展的全盛时期，奴隶的人数在整个人口中应占相对优势），也很难说是奴隶社会。为了坚持"五种生产方式"说，为了论述古代东西方都有奴隶社会，苏联古史家与中国古史学者又对古典奴隶之外的所谓奴隶新品种——黑劳士进行论证，认为是授产奴隶（即在形式上授产奴隶有一定的生产资料，经营相对独立的经济）。胡钟达先生经考证后认为黑劳士应该是有产权的,因而不是奴隶(授产奴隶),古希腊奴隶社会说不能成立。

郑镇在《马克思社会历史进程理论考评》一文中比较客观地分析了马克思的社会历史进程的"五形态说"与"三形态说"理论。

郑镇指出,最早提出人类社会有五个发展阶段的不是斯大林,也不是马克思,而是空想社会主义者圣西门,不过他只是一种猜想,未作理论阐述。马克思的社会历史进程理论的产生和他的社会经济形态理论紧密联系,有一个发展过程。在1843年春夏之际写的《黑格尔法哲学批判》手稿中,历史阶段性的理论已见端倪。在《1844年经济学—哲学手稿》中,生产力决定生产关系和上层建筑的思想开始萌芽。在1846年的《德意志意识形态》一书中,马克思就十分突出地强调了生产在社会历史进程中的决定作用,并对生产力决定生产关系、经济基础决定上层建筑的理论作了初步阐述。在《路易·波拿巴的雾月十八日》一书中,马克思第一次提出"社会形态"概念。马克思在1859年发表的《〈政治经济学批判〉序言》中对社会经济形态演进作了经典性的表述:"大体说来,亚细亚的、古代的、封建的和现代资产阶级的生产方式可以看作是社会经济形态演进的几个时代。"[①] 加上共产主义生产方式,"五种生产方式"说最后形成。

近年来,人们在马克思的手稿中又发现了社会历史进程的另一种新的分期法,即把社会历史分为三形态。这就是1857—1858年

[①] 马克思:《〈政治经济学批判〉序言》,《马克思恩格斯选集》第2卷,人民出版社1972年版,第83页。

的《政治经济学批判》(现在被称为"伦敦手稿")中,有这样一段话:"人的依赖关系(起初完全是自然发生的),是最初的社会形态,在这种形态下,人的生产能力只是在狭窄的范围内和孤立的地点上发展看。以物的依赖性为基础的人的独立性,是第二大形态,在这种形态下,才形成普遍的社会物质变换、全面的关系。建立在个人全面发展和他们共同的社会生产能力成为他们的社会财富这一基础上的自由个性,是第三个阶段。"① 在马克思、恩格斯著作中,除"五形态说"和"三形态说"外,还有不同的分期法,但"五形态说"始终占主导地位。当然"五形态说"有其局限性。它只是过去已发生与现在正发生的具体社会事实的理论抽象,一种理想模式,不能完全反映历史,只具有历史逻辑意义,不具有历史事实意义。马克思的目的只是想理出一条人类历史发展的基本线索,以证明共产主义取代资本主义的历史必然性。"五形态说"在无产阶级革命史上曾经发挥过非常重要的作用。"三形态说"可以最好地说明为什么任何国家都不可超越商品经济这一历史发展阶段。我国早已走过了"三形态说"中的"人的依赖关系"的社会形态,还处在"以物的依赖性为基础的人的独立性"这一阶段上,个性还不能自由发展。要摆脱这种依赖性,就必须大力发展商品经济,别的道路是没有的。长期以来我们以"五形态说"为指导,一直在变更所有制上下工夫,吃尽了苦头。

在今天,无论是赞成还是不赞成"五种形态说",人们在认识

---

① 马克思:《政治经济学批判》,《马克思恩格斯全集》第46卷(上),人民出版社1979年版,第104页。

上都和过去把它当作神圣的教条有着天壤之别。在这种思想解放的基础上，产生了历史研究的新局面、新热点。《文史哲》1995年第2期发表的田昌五教授的《中国历史体系新论》就是一个很好的例证。

自20世纪30年代以来，中国历史体系是按照五种生产方式安排的。后来发现这一条规律不完全符合中国的历史实际。于是又提出中国文明早熟论、中国奴隶社会不发达论、中国封建社会长期停滞论。这三论之前是原始社会，三论之后是半封建半殖民地社会，最后进入社会主义社会。这就是中国历史发展的特殊规律。这种体系确实是值得重新思考的重大课题。田昌五从研究中国农业的起源与发展入手，形成了他的古史观：族邦论。由于中国古代的农业是从黍稷这种旱地作物起源的，所以中国文明的起源就不像一般所说，是从氏族到家族再到家庭，而是由氏族发展为姓族、宗族、家族、家庭体系。由"族帮论"进而发展出他的中国历史体系。其要点为：

（一）洪荒时代。从中国这块土地上人类的降生起，直到一万年前的氏族社会为止，其间数百万年。

（二）族邦时代。从五千年前起，到两千四百年前为止，其间两千七百年左右。在此之前，有一个氏族社会逐步解体和文明社会逐步形成阶段。族邦体制瓦解、宗族灭亡之后，就出现了专制主义官僚政体。

（三）封建帝制时代。上承族邦时代，下至辛亥革命，两千三百多年。这段历史是周期性循环式发展的。这个过程可以用"三"、"二"、"一"这三个数字表示。"三"，即是三次大循环；"二"，即汉、唐两次高潮和相继的两次低潮；"一"，即宋代之后中国的经济文化中心转移到南方，而政治中心则转移到北方。

（四）半封建、半殖民地社会。这是第三次到第四次大循环的中间阶段，不能作为一个单独的社会形态和历史时代。第四次大循环是中国历史上一次质的飞跃。历史上的大循环是以土地关系的循环为基础，而这次大循环是以市场经济的大循环为基础，进入世界经济大循环，走向世界一体化。

《文史哲》自1951年创刊起就十分重视社会形态的研究与探讨。由它发起的中国古史分期问题的讨论在学术界影响深远。田昌五的《中国历史体系新论》以及最近《文史哲》举办的"秦至清末：中国社会形态问题"高端学术论坛可以看作是中国古史分期问题讨论的深入和发展。

20世纪80年代的文化热是学术界另一个重要的热点问题。这次文化热引起人文科学、社会科学、自然科学等广大学者甚至国民的普遍关注。它是改革开放、经济发展的必然结果，是新时期更加广泛深入的中西文化交流、碰撞所激起的中西文化比较，对我国在固有的传统文化的反思以及如何建设新文化的深入思考。李泽厚说，80年代，应该可以算是一个启蒙时期。王元化不喜欢"文化热"的说法，称80年代的"文化热"是比"五四"新文化运动更为广泛、深入的"新启蒙"运动，并编辑出版了《新启蒙丛刊》（湖南教育出版社1988年出版）。

在文化热前后与文化热中，《文史哲》发表了大量关于文化及文化交流方面的文章。山东大学是研究古代中西交通史的重镇，郑鹤声教授和张维华教授都是有重要影响的老一辈中西交通史专家。

新时期以来,《文史哲》先后发表了郑鹤声教授研究郑和的文章以及张维华教授的《略论中西交通史的研究》(《文史哲》1983年第1期)、《关于历史上的民族文化交流》(《文史哲》1984年第2期)、《十六世纪耶稣会士在华传教政策的演变》(《文史哲》1985年第1期)。在文化热中,《文史哲》编辑部于1986年6月10日至11日举办了中国传统文化思想学术讨论会,并于《文史哲》1985年第5、6期,1987年第4期开辟了三个"中国传统文化讨论"专栏,发表了"讨论会纪要"和张维华、张岱年、徐经泽、于化民、陈炎、高旭东、周来祥、龚书铎、杨炳章等先生的九篇文章。张维华先生的《中国文化的发展方向》一文指出:"目前正在哲学社会科学界和文学艺术界热烈进行的关于文化问题的大讨论,牵动了所有关心民族文化命运的人们的心弦。这一事实说明经过长期沉痛的历史反思,人们已经深切地意识到,中国要实现四个现代化……仅靠经济上的努力……是远远不够的,我们还面临着拓新、重建中国文化的艰巨历史使命。"要建设社会主义现代文化,必须解决两个问题:一个是传统文化与现代化的关系;一个是外来文化与现代化的关系。中国的现代化,离不开传统文化和既有的现实基础。以儒家为主体,吸收和溶化各个学派甚至外来文化因素而形成的中国传统文化对中国思想文化和观念形态的发展,对建立比较合理的、和谐的人际关系奠定了极有利的基础。孔子也受到了阶级和时代的局限,然而从维护社会正常发展秩序,育成中华民族的文化精神来看,孔子的一些思想超越了历史的局限性,具有恒久的价值,是人类文化的宝贵财富。孔子思想中的糟粕,如尊君思想和等级观念,应该剔除和批判。中国近代的落后,除了社会历史方面的原因,孔子及儒教也起了极大的阻碍作用。我们的祖先创造过人类最先进的古代文明,中国的落后只是近三四百年的事情。要赶上西方发达国家,必须对外开放,处理好外来文化与现代化的关系。即不仅要引进西方的科学技术和管理方法,还要引进西方的先进思想观念和思维方法。在吸收容纳几千年传统文化精华的基础上,尽可能地吸收西方文化的科学技术和思想文化以创造社会主义新文化,这就是中国未来文化发展的方向。

张维华先生的这篇文章,既没有保守的心态,又无激进的偏颇,既是对"五四"新文化运动与当前社会现实的反思,也是"五四"新文化运动的发展,可以说是在文化热中带有纲领性和指导意义的文章。

周来祥先生在《中国传统文化思想是中和主义的》一文中指出:"'和'是一个大概念,是中国传统文化的根本精神,它几乎涵盖一切,贯串一切。'和'也是一种古代人的心理结构和思维模式,他们以此来规范一切,陶铸一切,孔子思想由它陶铸而成,儒家思想由它陶铸而成,古代传统文化也由它陶铸而成。'和'的精神是源远流长的,是封建社会中占主导的观念。"他还分析了中和文化的特征、中西文化的不同以及中和文化与现代化的关系。

在文化热的高潮中迎来了"五四"运动70周年。我们在《文史哲》1989年第3期、第4期上集中安排了庞朴、孙思白、彭明、杨向奎、何中华、方克立、颜炳罡、钱逊、孔繁、李景彬、李德、朱玉湘、蒋俊、韩凌轩等人的14篇文章。如果我们把《文史哲》1979年第2期、第3期发表的纪念"五四"运动60周年的文章与这一组文章相比较,我们不难发现,1970年代看重在学科建设与人物研究方面的拨乱反正，1980年代的文化热，则侧重科学与民主、人的独立人格与思想自由的再一次呼唤。正像何中华在《试论中国文化与超越——纪念五四运动70周年》(《文史哲》1989年第3期) 一文中所说："文化启蒙是人的一次重新发现。……科学与民主的实质，就在于它们是人的主体性的不同确证方式。""五四新文化运动倡导科学与民主，对人的发现和觉醒起过重要的启蒙作用，因而被誉为中国的'启蒙运动'。耐人寻味的是，今天人们在回应现代化挑战、反省民族文化积淀时，蓦然发现尚有许多未经近代精神洗礼的污垢，从而不得不重新回到五四的主题。"其他文章也都从不同角度论证、讨论了这一文化热点问题。

三、要办好《文史哲》，必须不断关注与反映学术发展的新领域，适应学术发展的新要求

改革开放以来，新中国建立初期被极"左"思潮视为资产阶级的学问而被砍掉的一些学科如政治学、社会学、经济学、法学等在山东大学及国内其他高校相继恢复与建立。学术期刊必须适应学术结构的新变化和学术发展的新要求。我们除了在理论版块增加上述新学科的内容之外，1993年春我任主编之后，新开辟了"改革开放与市场经济"、"近代思潮与人物"、"社会发展与现代化"、"国家与社会关系研究"、"国学新论"、"学术人物"、"面向21世纪的人文学科"等新栏目，继续办好"治学漫谈"栏目。

山东大学向来以文学、史学见长，在全国高校中占有十分重要

的地位，尤其是古代文学与古代历史的研究。改革开放以来，中国近代历史、近代文学的研究也引起学界注意，尤其是义和团研究成为全国义和团研究的重镇与中心。《文史哲》及时反映了这种学术研究的新变化，或设栏目或比较集中地发表了义和团运动、洋务运动、太平天国运动研究方面的论文。新时期以来，近现代人物研究成为学术研究的新的生长点，我们陆续发表了众多近现代人物研究的文章，以反映近代社会思潮的发展变化。

四、要办好《文史哲》，必须关注与培养有才华的青年学者队伍

《文史哲》的第一任主编杨向奎先生曾说：《文史哲》的目标是："（1）办好刊物，繁荣学术；（2）培养学术人才；（3）发现学术人才。"把发现人才、培养人才作为办好《文史哲》的十分突出的目标。他又说："刊物的编者如同伯乐，在万马奔腾中能够识别良否不是容易的，绝不能以名取稿，而要在平凡中发现珍奇。""社会科学的刊物好像自然科学的实验室，没有刊物的学校与研究机关，研究成果无处发表，得不到学术界的评价与支持，这种成果也就永远得不到检验的机会，结果会枯萎了。可以说刊物是培育学术的泥土，没有刊物，就不会有学术的繁荣。"[①] 在《文史哲》创刊

[①] 杨向奎：《早期〈文史哲〉》，《文史哲》1981年第4期。

35周年之际，杨先生又发表《发现人才，培养人才》一文①，专门谈《文史哲》发现人才、培养人才方面的问题。他说："我给《文史哲》编辑部韩凌轩同志的一封信中说，编辑是最有意义的工作，他可以培养人才，发现人才，对于中国的四化建设，作出直接的贡献。编辑是伯乐，千里马有待于他们的培养和发现。可以回想一下，现在在文科各方面有名的学者专家，当他们的青年时代，还在读书的时代，《文史哲》曾经是他们中间某些同志发表文章的场所。"两个"小人物"李希凡、蓝翎在《文史哲》1954年第9期上发表的《关于〈红楼梦简论〉及其他》，因被毛泽东主席批示从而引起《红楼梦》的大讨论，他二人一度成为轰动全国的名人。著名哲学家李泽厚2005年9月接受《新京报》采访，谈"第一次发表文章"时说，在美学大讨论"以前，我就已经有名了，当时发表文章不像现在这么容易，美学大讨论之前我发表了几篇学术文章，第一篇是1955年2月份发表的，内容是关于康有为的《大同书》"②。这就是发表在《文史哲》1955年第2期上的《论康有为的〈大同书〉》（后收入《中国近代思想史论》，人民出版社1979年出版）。文章认为《大同书》反映了康有为早期主张资产阶级民主、自由的进步思想。汤志钧在《文史哲》1957年第1期上发表《关于康有为的〈大同书〉》，提出不同意见，认为《大同书》基本上是反动的。李泽厚又写出《〈大同书〉的评价问题与写作年代——简答汤志钧先生》，发表在《文史哲》1957年第9期，进行答辩。20世纪

---

① 载《文史哲》1986年第5期。
② 《李泽厚近年答问录》，天津社会科学院出版社2006年版，第92页。

80年代，我曾到李泽厚在北京和平里的家中请他写治学经验的稿子，这就是发表在《文史哲》1985年第5期上的《我的选择》[后收入《走我自己的路》（增订本），安徽文艺出版社1994年出版]。文中说："我第一篇学术论文，是一九五五年二月发表在《文史哲》上的《论康有为〈大同书〉》。"在这之前，他曾寄来《荀易庸纪要》，发表在《文史哲》1985年第1期，后收入《中国古代思想史论》，人民出版社1986年出版。

可以说，发现与培养有才华的青年学者，促进学术的繁荣与发展，是《文史哲》创刊以来一贯坚持不懈的传统。我遵照老师的教导，经常在《文史哲》的会议上讲，发展与繁荣学术的希望与后劲在青年，有才华的青年是学术的希望和未来。我记得美国著名未来学家约翰·奈斯比特说过，新思想的产生，来自民间，来自下层（大意）。青年人思想活跃，没有包袱，没有框框，有冲劲，俗话说，初生牛犊不怕虎，容易产生新思想。相反，功成名就的学者，往往为声名所累，不愿再越雷池。因此，我们把办好《文史哲》的希望，寄托在有才华的青年学者身上。为了了解青年学者对发展学术的想法，对办好《文史哲》的想法，我曾分学科召开小型的青年学者座谈会，征求他们的意见与支持。我们在《文史哲》封二介绍本校教授，在"学术人物"栏刊载老一辈学者的学术传记，在"治学漫谈"栏目交流老中青学者治学的经验、体会，目的也在于为青年学者迈进学术之门提供一点借鉴。我们曾分别在《文史哲》1996年第1、2、5、6期和1997年第2期的封二上介绍青年学者徐显明、齐涛、吴忠民、王育济、王晓毅。在《文史哲》1994年第4期"治学漫谈"栏目发表自学成才的青年教授何中华谈治学经验的文章《读书·思考·写作三位一体》。在《文史哲》1995年第3期"治学漫谈"栏目发表青年教授王学典谈治学的文章《关于加强"史学社会学"研究的初步设想》，意图都是想把青年学者推向学术研究的第一线。

我在《文史哲》工作期间，很多有才华的青年学者以自己的佳作支持《文史哲》，我至今回想起他们来，心中总是充满着由衷的感谢之情。是他们，至少作为台柱之一，支撑着《文史哲》在学术界的重要地位。在这里我愿意写出他们中一部分人的名字，以表示我的谢意。他们是：杨奎松（北京大学历史系教授）、李振宏（河南大学历史系教授、《史学月刊》主编）、陶飞亚（上海大学文学院教授）、王晓毅（清华大学历史系教授）、吴忠民（中共中央党校社会学教研部教授）、邹广文（清华大学哲学系教授）、何中华（山东大学哲学与社会发展学院教授）、王学典（山东大学文史哲研究院教授、《文史哲》主编）、王育济（山东大学历史文化学院教授）、齐涛（山东省教育厅厅长、山东大学历史文化学院教授）、胡新生（山东大学历史文化学院教授）、陈炎（山东大学文学与新闻传播学院教授、山东大学副校长）、徐显明（山东大学法学院教授、山东大学校长）、臧旭恒［山东大学经济学院教授、《山东大学学报（哲社版）》主编］等。《文史哲》1980年第1期发表了李振宏的《封建时代的农民是"革命民主主义者"吗？》。后来，我看到他的《历史学的理论与方法》一书的"后记"，才知道他发表这篇处女作的时候，只是大学二年级学生。《文史哲》1986年第4期，又发表了他的《关于史学理论与史学概论的初步意见》，而且安排在首篇。当时的青年学者，现在已进入中年，有的已接近老年。在他们身后，新一代有才华的青年学者又成长起来。在老中青学者的支持下，《文史哲》一定会在国际学坛占有一席之地，创造新的辉煌。

五、要办好《文史哲》，必须强化普遍主义理念，适应山东大学创建世界一流大学的需要

大学，尤其大学中为数不多的研究型大学，其精神气质必须是普遍主义的。"一所世界一流大学的课程和研究项目，虽然要很注重它所在的那个国家的社会、经济、政治的现实需要，但绝不能仅限于这种需要。因为任何一门领域，知识创新、方法创新、组织创新的最大可能就在未来的、未知的广袤时空那里。因此，特别是研究型大学，这种对未知的东西的好奇精神绝对不能没有。没有这种精神，就不可能成为世界一流大学。要关心一切，怀疑一切，探索一切，这就是普遍主义的精神。世界一流大学，它虽然坐落在某一个城镇，在地理上属于一个国家，但在精神上从来不局限于一个国家，它是属于世界的。它的教师和学生来自世界各地，走向世界各地，影响世界各地，这就是它的普遍主义活的载体。"[1] 我虽然在"编者的话"中也提出让《文史哲》走向世界，也邀请外国学者写了几篇文章，但因为当时开放的程度还不够，主、客观条件都还不具备，所以并没有认真付诸实践。现在世界一体化进程空前加快，建设世界一流大学已经作为国家发展战略提上日程，使《文史哲》

---

[1] 丁学良：《什么是世界一流大学?》，北京大学出版社2004年版，第27页。

面向世界，走向国际学坛，也应该相应提上日程。我相信这个目标为期不远了。

以上所回忆的几个方面，相对于我 20 年的《文史哲》编辑生涯，可能是挂一漏万，限于时间与篇幅，只能俟诸来日再补充了。还有一点要说明的是，以上几方面的工作，都是和我的同事们一起做的。回忆错误之处，诚望方家指正。

2011 年 1 月 17 日

写于山东大学洪楼校区三舍寓所

努力把《文史哲》办好

吴富恒

《文史哲》自 1951 年 5 月创刊以来,到现在已整整三十年了。三十年来,我们国家的面貌发生了深刻的变化,学术界经历了由盛到衰、由衰到振兴的过程。在这当中,《文史哲》也走过了一段曲折的道路:有繁荣兴盛、受到广大读者支持称赞的时候,也有遭到摧残破坏、受到读者批评指责的时候。我们纪念《文史哲》创刊三十周年,应该回顾和认真总结一下三十年所走的路程,发扬成绩,纠正缺点,更好地前进。

回顾《文史哲》创刊初期,曾受到广大读者的支持和欢迎。当时正是新中国成立不久,我们国家的各项革命事业蓬勃兴起、欣欣向荣。随着经济建设的恢复和发展,促进了文化教育事业的发展和繁荣。发展和繁荣学术,就需要有交流讨论的园地,这正是《文史哲》创刊的基础和前提。在山东大学党委和行政的支持下,文学院和历史语文研究所的一部分教师,热情很高,主动创办这个刊物,作为教师们的同人刊物,力求对新中国的学术事业尽上一点力量。刊物的宗旨,是刊登用新的观点学习和研究文学、历史、哲学的文章,通过写作实践,来提高理论和学术水平,并借以推进文史哲三方面的教学和研究工作。大家推举华岗同志为社长，陆侃如同志和我为副社长，杨向奎同志为主编，编辑委员由几位老教师担任，也吸收了少数中青年教师。编委会没有专职人员，编辑工作主要由文史两系和研究所的几位教师兼任，特别是杨向奎、童书业、王仲荦、赵俪生、吴大琨、殷焕先、卢振华、孙思白、孙昌熙、刘泮溪等编委同志，在《文史哲》的创办中，做了大量工作。其中几位负责常务编委的同志，不仅积极为《文史哲》写稿，而且也承担了从组稿、审稿到编辑、校稿和印刷、出版的任务。刊物创办第二年，葛懋春同志由历史系毕业留校做助教，也积极参加了编委会的日常工作。编委会的事务工作，由研究所和历史系的两位工人同志兼任。到1953年以后，由教师办的同人刊物，改为学校文科的学报之一，到五十年代中期，正式建立了编辑部，配备了专职编辑人员。

《文史哲》创刊初期，经费是很困难的，除学校从科研经费中资助一点外（数量不多），创办刊物的教师也从自己的工资中拿出一部分钱作为印刷费和稿酬。当时，除外稿要付少量稿酬（起初是千字三元），本校教师写稿大都不要稿费，作为对刊物的一种支持。特别是华岗同志，不但带头写稿，亲自审稿、改稿，而且在经济上也给刊物以很大支持。最困难时是1952年，由于经费缺乏，简直有点办不下去了，这时得到山东省委统战部和青岛市委的支持，拨了几千元作为资助，才渡过难关，办下来了。1953年以后，刊物打开了销路，到1955年由于订户的扩大，在经费方面已经做到自给有余，并且积累了上万元的基金。

当时教师们为什么这样积极热情呢？他们不仅牺牲了自己的宝

贵时间，也不要任何报酬，而且还要拿出钱来付印刷费和外面的稿酬。在某些人看来，这实在是不值得的，可是这些同志却如此做了，并且毫无怨言。教师们所以这样做，就是解放后，经过马列主义、毛泽东思想的学习，自己的政治觉悟提高了，加强了主人翁感，都想为新中国的学术界尽一份力量。同志们的愿望是：办好刊物、繁荣学术，培养和发现人才，为祖国的社会主义建设服务。同志们的愿望是达到了，《文史哲》确实对繁荣新中国的学术起到了一定的作用，团结了一大批知名的老专家、学者；也培养和发现了一批中青年后起之秀，这些同志有的现在已成为全国知名的专家、学者了。

《文史哲》所以能够办好，受到社会上的赞许，除了办刊物的同志积极努力外，还得到了国内知名专家、学者的支持。像王亚南、吕振羽、顾颉刚、周谷城、罗尔纲、黄药眠、陈子展、陈登原、陈直、杨超、杨宽、齐思和、王玉哲、严北溟、周汝昌、程千帆、王汝弼、胡念贻、谭丕模、孙作云、傅振伦、温肇桐、日知、阴法鲁、任继愈、汤志钧、罗克汀、何兹全等等知名学者，有的多次给《文史哲》写稿，有的把自己得意之作，特地送来《文史哲》发表。这些同志的文章，为《文史哲》增添了光彩。

在校内，当时学校的领导人、也是文史哲编委会的负责人华岗、陆侃如等同志，经常为《文史哲》写稿。华岗同志关于政治理论和哲学方面的论著，陆侃如、冯沅君两同志关于中国文学史的连载，高亨同志关于先秦哲学和先秦文学的研究，萧涤非同志关于杜甫的研究，杨向奎、童书业、张维华、郑鹤声、陈同燮、赵俪生、王仲荦、卢振华、孙思白、华山等同志关于历史方面的论著，黄云眉、黄公渚同志关于古典文学方面的评论，车载同志关于思想史的研究，吴大琨同志关于经济方面的研究，殷孟伦、殷焕先同志关于语言文字的研究，孙昌熙、刘泮溪等同志关于鲁迅的研究，黄嘉德、吕荧、张健、金诗伯、陆凡等同志翻译和介绍的外国优秀论著，都受到广大读者的欢迎。

《文史哲》还发现和培养了一批优秀的中青年作者，他们大都是通过在《文史哲》上发表文章，引起了读者和学术界的重视。其中李希凡、蓝翎两同志关于《红楼梦》问题的研究，开拓了一条新的研究途径，受到了毛泽东同志的赞扬。李泽厚同志关于中国近代思想史的研究，钟肇鹏同志关于中国古代思想的研究，庞朴同志对先秦诸子的研究，张传玺同志对中国古代史的研究，郦纯同志对太平天国的研究，以及学校文科近年提升的一批副教授，他们的文章起初大都是在《文史哲》上发表的。

可以说在五十年代和六十年代初期（1958年学校迁到济南后曾经一度停刊)，《文史哲》办得是不错的，受到各方面的好评。当时开展的一些学术讨论，如中国古史分期、思想史和哲学史、土地制度和农民战争、资本主义萌芽、社会主义经济法则、《红楼梦》研究、文艺理论和现代文学研究等方面问题的讨论，开展得很活跃，大家敢于争鸣，做到了各抒己见、畅所欲言，对繁荣祖国的学术、推动学校的教学和科学研究，起到了积极的作用。

当然，《文史哲》也遇到许多挫折，走了一些弯路，自己受到"左"的路线的干扰，也发表过一些带有"左"倾思想、乱打棍子的文章。特别在十年动乱的前一两年，由于过分强调阶级斗争和突出政治，使《文史哲》逐渐失去学术刊物的性质，一些配合政治运动赶浪头的文章、活学活用的文章（有的是从报刊上抄录的），充斥刊物篇幅，到1966年"文化大革命"前夕，达到了高峰。不久，《文史哲》被迫停刊，人员解散，财物、书刊资料也被打砸抢洗劫一空。1973年重新复刊。但在那时的条件下，办刊物只能按照"四人帮"的格调行事，所发表的大多是所谓配合运动的"大批判文章"，影射史学、阴谋文艺、唯心史观、神化个人，连篇累牍，散布了许多流毒，造成了很坏影响。这是应该向读者作深刻检讨的。

粉碎"四人帮"之后，情况有了改变，但在头两年，由于"左"的思潮没有清算，两个"凡是"的禁区没有打破，虽然也发表了一些批判"四人帮"的文章，而这些文章仍然受"左"的思想影响，没有真正批到"四人帮"的要害。到了1978年下半年，特别是党中央三中全会以后，全国开展实践是检验真理的唯一标准的讨论，学术界解放思想、冲破禁区、拨乱反正、正本清源，情况才有了大的改变，使《文史哲》由配合运动搞空泛的政治议论，又回到重视学术问题的研究，文章的质量也在不断提高，可以说是由衰落走上振兴。校外一些老的专家、学者，如陈瘦竹、赵景琛、姜亮夫、董每戡、蔡尚思、张舜徽、张毕来、丁名楠、李侃，离开学校的老编委杨向奎、赵俪生、吴大琨、孙思白等同志，为刊物写了文章；同时还有李泽厚、胡福明、李希凡、蓝翎等中青年同志，也积极为《文史哲》写稿，这些都深受读者欢迎。萧涤非同志关于杜甫问题的评论，陆侃如同志关于文学史问题致刘大杰的信，几位同志关于《聊斋志异》和蒲松龄研究的文章，关于太平天国和义和团的文章，关于美国文学的研究，韩连琪同志关于两汉经济史的文章，以及最近开辟的学者谈治学专栏，被认为有特色，引起普遍重视。

办好刊物，要有各方面的条件和因素，最重要的是主观努力和客观支持，特别需要广大作者、读者的支持。《文史哲》从 1953 年开始，由教师们的同人刊物改成学校的学报之一，但它早已超出了学校学报的范围，实际上成为社会性的学术刊物。光靠校内的力量是不够的，还需要校外的支持，既需要老的专家、学者的支持，也需要中青年作者的支持，只有在大家的支持下，才能把刊物办好。我们要发扬《文史哲》初创和五十年代时那种精神，既重老专家、学者的作用，也要注意发现和培养新生力量，使每一期既有老专家的论著，也有新生力量的文章，即使是不知名人士的来稿，只要治学严谨、写作认真、下了工夫，并有所创见，尽管还有缺点、不成熟，也应该加以扶植，不使之被埋没。

在主观努力方面，艰苦创业、勤俭办刊物是《文史哲》的一个好的传统。前面提到，《文史哲》创办初期，教师们付出了辛勤的劳动，这种好的传统是值得发扬的。现在的情况与过去不同了，不仅有专职的编辑，还有专职的行政人员，工作应该比过去做得更好。我们要提倡大家动手、办好刊物，为了繁荣学术、培育人才，就是要有宁肯牺牲自己的精神。要向当时负责编辑工作的同志学习，学习他们那种不计较个人的得失，一心要把刊物办好的高尚风格。虽然有几位同志已经去世了，但这种精神很值得我们敬佩和怀念。

这里还要特别提到的，是《文史哲》另一个好的传统，也是我们办好刊物的一条重要原则，就是重视学习马列主义、毛泽东思想，注意理论的研究和对实际问题的探讨。在《文史哲》创刊时，正是全国普遍和深入学习毛泽东同志的《实践论》，《文史哲》的

第一篇文章《实践论——思想方法的最高准则》，是以编委会社评的形式发表的，实际上它是《文史哲》的代发刊词，作为创刊的指导思想。正因为重视马列主义、毛泽东思想的学习，重视理论的指导，坚持为新中国的建设服务，所以刊物敢于创新，能注意联系实际，开拓新领域、研究新问题。这一精神，我们是应该很好发扬的。

革命理论对于学术研究的指导意义，这是不言而喻的，只有在正确理论指导下，学术研究才有明确的方向和广阔的前途。学术界许多老的同志，由于学习了马列主义、毛泽东思想，有了正确的立场、观点和方法，使学术研究作出了新的成就。解放后，在党的培养下，一大批新成长起来的中青年同志，由于他们一开始就重视学习和运用马列主义、毛泽东思想指导学术研究，所以进步很快。当然，我们也应该看到，在十年动乱中，由于林彪、"四人帮"的干扰破坏，损伤了马列主义、毛泽东思想的声誉，使一部分同志对革命理论的重要性有所忽视。这是不对的。我们绝不能因为在"四人帮"横行时，歪曲和篡改马列主义理论，大搞唯心论和形而上学所造成的极坏影响，而否定革命理论对学术研究的重要作用。我们也不能因为《文史哲》前一段曾刊登过一些空泛的赶浪头的文章，而不再重视对理论问题的研究和探讨。学术研究总的方向是不能脱离政治的，问题是如何正确地对待。学术研究为政治服务，应该是从大的方面而言，绝不是像"四人帮"时那样采取狭隘的实用主义的态度。我们所反对的是"四人帮"时搞的那一套假马列主义，而不是否定理论研究的重要意义。

现在广大读者对《文史哲》的要求更高了，我们的任务也更重了。在《文史哲》发刊的时候,我们曾经提到,一个学校创办全国性的学术刊物,是一种大胆的尝试,深知自己的力量薄弱,很需要各方面的关怀和支持。过去是这样,现在仍然是这样。愿在纪念创刊三十周年之时,再次提出这种希望。我们相信,在党的领导下,在三中全会路线、四项原则和双百方针的指引下,经过努力,一定可以把《文史哲》办得更好,为社会主义"四化"建设、发展和繁荣祖国的文化学术事业,贡献自己的力量。

(原载《文史哲》1981 年第 4 期)

回顾与前瞻

吴富恒

《文史哲》创刊于 1951 年 5 月,今年是创刊三十五周年。三十五年来,《文史哲》在推动学术文化事业的发展方面做了一些工作,也走过一些弯路。回顾《文史哲》走过的道路,总结经验教训,对今后办好《文史哲》,使之更好地为社会主义两个文明建设服务,是很有意义的。

《文史哲》创刊的时候,正值新中国成立不久,当时国家的各项建设事业正在蓬勃兴起,解放后的新山大也是一片生机,教师们以极高的政治热情,如饥似渴地学习马列主义,并力图用马列主义指导教学和科学研究,为繁荣国家的文化教育事业服务。为了推动教学和科研工作,在华岗同志的倡导和支持下,创办了《文史哲》。《文史哲》创办初期,没有专职编辑,编辑、校对、出版、发行工作全是文学院和历史语文研究所的部分同志承担的。因为经费困难,同志们为刊物工作,只尽义务,不拿报酬,有时还要自己拿钱支付印刷费和校外作者的稿费(校内作者一般不付稿酬)。大家对此毫无怨言,工作兢兢业业,一丝不苟,为了使刊物按期出版,常常通宵达旦地工作。如果说《文史哲》有自己的传统,那么这种艰苦创业的精神和严肃认真的学风，就是它的传统之一。当时为创办《文史哲》辛勤工作过的同志，有的已经逝去，健在者也多至耄耋之年，在纪念《文史哲》创刊三十五周年之际，谨向他们表示深切的怀念和敬意，并希望现在在《文史哲》工作的同志，把前辈树立的好传统继承下来，把刊物办好。

《文史哲》的另一个好传统，是比较重视不同学术观点的争鸣。《文史哲》创刊的时候，党的"双百"方针还没有系统地提出来，但大家根据自己的学术实践认识到，一个学术刊物要办得有生气，真正起到推动学术研究的作用，没有不同学术观点的切磋和讨论，是不行的。在这方面华岗同志起了很好的作用。《文史哲》在五十年代初期关于中国古史分期问题的讨论，在国内学术界产生过较大的影响。但在开始讨论时，有的学者还是有顾虑的，不大敢和持西周封建论的同志争鸣。其实华岗同志在他的《中国历史的翻案》一书中就是持西周封建论的，他不仅不排斥不同意见，相反的，鼓励持不同意见的同志写文章，进行争鸣。由于华岗同志的提倡，古史分期问题的各种观点都得到充分发表的机会，真正做到了"百家争鸣"。此后《文史哲》组织的一些学术讨论，如思想史和哲学史、土地制度史和农民战争、资本主义萌芽、社会主义经济法则、《红楼梦》研究、文艺理论和现代文学研究，也都贯彻了这个精神，做到了各抒己见，畅所欲言。在这之后的情况，大家都知道，由于受"左"的路线的影响，《文史哲》和其他刊物一样，很难再组织学术讨论，充斥刊物版面的是突出政治，"以阶级斗争为纲"的文章，发展到十年动乱时期，更是千文一面，千刊一面，而万马齐喑了。

今年是党的"双百"方针提出三十周年，报刊上发表了许多文章，总结在贯彻"双百"方针方面的经验教训，结合《文史哲》的经历，我们深切地感到，要想使"双百"方针得到切实的贯彻，就必须发扬学术民主，创造一个相互理解、相互信赖、团结和谐的气氛，使大家能平等地、心平气和地争鸣切磋，而又无后顾之忧。如果动辄扣帽子，打棍子，排斥、打击不同学术观点，学术的繁荣和发展就只能是一句空话。《文史哲》在接受了正反两方面的经验教训之后，应该更加成熟，一定会坚定不移地坚持"双百"方针，为繁荣学术作出自己的贡献。

发现人才，培养人才，是《文史哲》创刊时就确定的一个原则。当时华岗同志曾说过，对待青年人的文章，不要求全责备，只要文章有一得之见，有好的苗头，就要给予热情的帮助和扶持，尽量使每一期刊物上出现一个新作者。几十年来《文史哲》在这方面做了大量的工作，取得了一定的成绩。许多当年在《文史哲》上发表过文章的青年同志，如今大都成了教授，有的是著名学者，细心的读者在五十年代的《文史哲》上会找到他们成长道路上的足迹。《文史哲》要一如既往，把发现人才、培养人才作为义不容辞的责任，为青年同志富有生气的文章提供园地，使其展现才华，迅速成长。

《文史哲》还要发扬注重学术质量和理论联系实际的传统和学风，密切结合"四化"建设的实际和学术研究的实际，加强马列主义基本原理的研究和"四化"建设中提出的重大理论问题的研究，以及文史哲等各学科理论和方法的研究，为促进社会主义两个文明建设服务。

（原载《文史哲》1986年第5期）

几点希望

陈之安

《文史哲》创刊已经三十五年了。三十五年来,《文史哲》的成绩与过失,专家和读者自有定评,我不想妄加议论,谨在此提几点希望,但愿能补《文史哲》的某些不足。

我们正处于一个社会变革的伟大时代,改革、开放和现代化建设已成为当代社会生活的鲜明特征。飞速变化着的社会生活向人们提出了许多急需回答的理论问题,因此,理论联系实际已成为一代人普遍思考和关心的问题。党中央在关于"七五"规划的建议中强调指出:社会科学要加强对马列主义基本原理的研究,大力开展有关我国社会主义现代化建设中出现的重大理论问题和实际问题的研究,为促进社会主义物质文明和加强社会主义精神文明建设服务。"七五"期间,要围绕经济科技、社会发展的战略问题以及以城市为重点的经济体制改革的重要课题,深入开展研究,力争拿出一批高质量的研究成果。要加强新兴学科、边缘学科的建设,充实社会科学研究体系。

党中央的建议为我们的编辑工作指明了方向。《文史哲》要发扬理论联系实际的优良传统,要以促进改革和两个文明建设为己任，推动读者们去探讨新时期现实生活中涌现出来的重大理论问题和实际问题，去关注中华大地振兴、腾飞的战略决策和战术措施，去体会时代和生活的思索和激情，以充实自己的研究体系。

当代社会科学发展的另一个显著特点是多学科的综合和渗透。自然科学和社会科学之间，社会科学各学科之间的横向联系和相互交叉显得越来越必要，引起了人们的普遍重视。《文史哲》作为一条纽带，不仅可以把从事文学、历史学、哲学研究的作者、读者联结在一起，而且可以把从事政治学、法学、经济学、社会学、管理学等社会科学研究的作者、读者联结在一起，以期推动各学科之间的横向交流，推动多学科之间的交叉联合，同时也创造出一个有利于《文史哲》在更广阔的基础上茁壮成长的生态环境。

具体地说，我们期望《文史哲》在今后的工作中注意从以下三个方面作出进一步的努力：第一，在研究内容上，既要巩固和发展现有的阵地，更需要开拓新领域，探讨新课题；第二，在研究方法上，要积极学习马克思主义的方法论，同时吸收一些新兴横断学科提供的系统论、信息论、控制论等手段；第三，注意团结极大多数学者，认真坚持"双百"方针，提倡不同学术观点、不同流派的自由讨论。经过编者和读者的共同努力造成一种团结、和谐、相互信赖、相互理解的环境和气氛，以利于学术研究的发展。

（原载《文史哲》1986年第5期）

《文史哲》与山东大学文科建设

——《文史哲》创刊 50 周年献辞

徐显明

伴随山东大学百年跬步,《文史哲》杂志也迎来天命之年。新世纪初始,山东大学有如此双喜,所有山大人都应为之庆贺。《文史哲》是山大文科的灵魂,她奖掖后学、扶植新人的方针,表征着一种创新;《文史哲》也是山大的传统,她把人文精神与科学精神相融,激励人们追求卓雅;《文史哲》还是山大的品牌,无数青年学子正是先知有《文史哲》,而后才知有山大。《文史哲》传承了山大前 50 年的道德文章,开启了山大后 50 年文科的灿烂辉煌。在这个双庆的日子里,在这个新世纪的端点上,对其传统作一回顾,当是关心山大文科建设的所有学人的共有之思。

一

《文史哲》诞生在 1951 年 5 月的青岛山东大学。当时正值新中国高歌猛进的时期,也是刚获解放的山东大学蒸蒸日上的黄金岁月。在这两种意义上,《文史哲》杂志都可以说是应运而生。作为新中国的第一家文科学报，她一问世，就搅动一池春水，吸引了全国学界的视线，此后更因引发了"《红楼梦》评论"这一学术史上的重大事件而如日中天。对于当年《文史哲》的盛况，《中国大学学报简史》（宋应离编著，中州古籍出版社1998年版，第150页）一书作了这样的评述：杂志创办伊始，"就受到山东大学师生和全国高校师生的欢迎与支持，在全国学术界产生了广泛而深刻的影响"；她在最初虽然是山大"教师们的同人刊物"，但实际上远远"超出了学校的范围，变成社会性的，成为读者心目中有影响、有见地、有水平的学术刊物"。也许，下面几个统计数据可以证明杂志的"影响"：创办时期，邮局拒绝发行，创办者只得依靠朋友和同行推销；1953年后，销路大增；1954年，印数已达1.3万册；1955年，这一数字又激增至2.7万册；到1973年，竟演出《文史哲》发行史上空前绝后的一幕：邮局征订数飙升至70多万册（但因纸张供应不足，仅限量发行24万册。是时欲订《文史哲》，需有相当一级的革命委员会的介绍信）；"文革"结束后，发行量长期平稳维持在3万—4万册的水平上；目前发行量仍居全国同类社科期刊之首。这些数字从一个侧面说明了《文史哲》成长的历史。

长期以来，《文史哲》不仅属于整个中国学界，她也早已踏出国门，走向国际汉学界。1955年12月，高教部来函要求山东大学赠送《文史哲》给苏联科学院图书馆以代表国家进行书刊交换；1956年2月，高教部同意山东大学与英国伦敦大学东方与非洲学院交换《文史哲》；这一年，高教部又来函要求山东大学以图书馆的名义向日本名古屋大学文学部谷川道雄等学者赠送《文史哲》；也是这一年，高教部还来函同意山东大学以《文史哲》与越南的

《文史地》及日本《中国年鉴》进行学术交流。考虑到中国当时文化上的"闭关锁国"政策，可以想象上述举动所包含的丰富信息。它至少告诉我们，早在20世纪50年代，《文史哲》就已经成为一份为国际汉学界所看重的杂志。这份荣誉可能是当时任何一家杂志都享受不到的。如今，乘"对外开放"之东风，《文史哲》已经发行至世界30多个国家和地区，在欧美等地的著名大学图书馆内，都能见到对《文史哲》的收藏，其国际影响已远远超过往昔。

作为一份身在地方的教育部直属高校创办的杂志，《文史哲》能取得上述业绩，堪称办刊史上的一大奇迹。新时期以来，《文史哲》杂志又取得许多骄人的业绩。她所刊发的许多具有学术深度和思想深度的文章，成为众多文摘类报刊跟踪报道的对象，转载和摘登量平均达80%以上，位居全国同类杂志之首。在山东以及全国的各种评比活动中，她囊括了1988年以来山东省优秀理论刊物评奖的历届第一名；1993年获首届华东地区优秀期刊一等奖；1998年被评为"首届全国百种重点社科期刊"；1999年又先后获得首届"国家期刊奖"、"首届全国双十佳社科学报奖"和"第二届全国百种重点社科期刊"等一系列不期而至的殊誉。这些奖项，从不同侧面印证了《文史哲》的非凡和成功。

《文史哲》诞生在山大并为学界所接受、所瞩目，确非偶然。她远受5000年黄河文明、尤其是孔孟以来儒学之教泽，近承20世纪齐鲁国学研究之余韵，特别是依托山东大学这样一所素享盛名且有深厚人文学术积淀的高等学府。在儒学、墨学、兵学、稷下齐学、古文经学（郑玄）、王氏玄学（王弼）、龙学（《文心雕龙》）、农学（《齐民要术》）、金学（《金瓶梅》）等覆盖全局的学问发祥地上产生出《文史哲》这样的杂志来，并不奇怪，而且齐鲁之邦又是古代"文史哲"诸人文学科的渊薮所在，春秋战国时期"百家争鸣"的学术风气在这里留下了久远的余响。正因为有这样源远流长的学术渊源和人文氛围，所以又在20世纪的这块山左之地上孕育出一批光彩夺目的国学大师和文化名家。傅斯年、季羡林、邓广铭、臧克家、牟宗三、任继愈、屈万里等大家巨子亦如群星灿烂，显示出山东的人文优势。《文史哲》诞生前后的山东大学，正在进行第一次"三校合并"。就人文学术而言，三校各有擅长：青岛山东大学代表着国学的传统，齐鲁大学代表着西学的传统，华东大学则代表着革命的传统，《文史哲》杂志可以说就是由这三种传统共同塑造而成。仅就合校前的青岛山东大学人文学术实力而言，南北各校无人敢于轻视。20世纪30年代，这里曾是杨振声、闻一多、梁实秋、沈从文、老舍、闻宥、游国恩、王统照、洪深等学界名人的生息之地；四五十年代之交，华岗、成仿吾、陆侃如、冯沅君、赵纪彬、丁山、杨向奎、高亨、萧涤非、高兰、赵俪生、童书业、王仲荦、殷焕先、殷孟伦、张维华、郑鹤声等文史名家又将山东大学的人文优势推向众人瞩目的地位。而这时，正是酝酿并产生《文史哲》的前夕。《文史哲》在50年代前期的山东、山大创办，实为势所必至，水到渠成。

在谈到《文史哲》的创办与成功时，不能不感念老校长华岗及陆侃如、杨向奎诸位先贤。如果说《文史哲》在山大创办有相当大程度上的必然性的话，那么，这种必然性的最后实现则依赖于华岗出任山大校长这个偶然因素。华岗校长是50年代山大文科地位的第一个奠基人。而山大文科声誉鹊起的主要条件是《文史哲》杂志的创办。要知道，这不仅是华东地区，也是全国高校第一家文科学报。杂志创办的当年夏天，主政华东的陈毅同志就在上海的一次会议上说："大学就是要通过教学和研究为国家培养合格而又对路的有用人才。而学报正是检验这种成就的标尺。山东大学创办《文史哲》是开风气之先，继续办下去，一定可以引起全国各大学的重视。"由此可见，杂志的创办在当年影响之大。但当年"华岗这样做也招来一些人的非议，他们说这是'抢先'"。华岗校长是一位老革命家，所以他有勇于开拓的足够气魄；华岗校长又是一位出色的社会活动家，所以他对时代变迁、历史潮流极度敏感；华岗校长还是一位卓越的学者，对延续、光大学术情有独钟。这三条缺了哪一条都不会有一时走出全国前列的《文史哲》的创办。今天我们可以这样说，没有《文史哲》的支撑，山大文科的地位肯定难有今日雄势。借着这个机会，让我代表山大所有的后学晚辈，向华岗校长及当年所有《文史哲》杂志的创办者及历任主编，同时向所有为山大文科建设作出贡献的先驱者，致以崇高的敬意！

二

20世纪50年代以来的山东大学，在相当长一段时间内，以"文史见长"的特点驰名于全国高校。毋庸讳言，这个特点是《文史哲》杂志铸就的。这可能说明了这样一个道理：杂志之于文科的学科建设，犹如实验室之于理科的学科建设。《文史哲》的首任主编杨向奎先生曾形象地说明过这种关系："刊物是培养学术的泥土，没有刊物……（学术）就容易枯萎下去。有了刊物，才有学术的繁荣。"正是凭着这份自觉，才有《文史哲》的面世。《文史哲》杂志对以往山大文科的学科建设有汗马功劳，厥功甚伟。

山东大学的中国古典文学研究享誉海内外。其中，中国古代文学史的重写、杜甫研究、《文心雕龙》研究和明清小说研究成就尤为世人所重。《文史哲》杂志参与了上述每一项研究领域的活动。陆侃如和冯沅君夫妇作为《中国诗史》和《中国文学史简编》的作者，在旧中国学界早获盛名。1949年后，为满足文学史的重建要求，陆冯夫妇开始改写《简编》一书。改写稿从1954年7月起连载于《文史哲》，共18期刊毕。然后在倾听专家和读者反馈意见的基础上又作修订，1957年出版。论者认为，"这是解放后用新观点、新方法完成的第一部系统的文学史"。山东大学文学史研究的重镇地位由此确立。"没有刊物，研究成果就得不到学术界的讨论和评论，就无法进行检验。"（杨向奎语）此之验乎？《文史哲》杂志对萧涤非先生的杜甫研究的推动也确如斯焉。萧先生治杜有年，新中国成立后撰成《杜甫研究》上下卷，该书上卷在出版前，也于1955年起连载在《文史哲》上，以让学术界"进行检验"。山东大学因而成为杜诗研究基地，人民文学出版社遂邀请萧先生主编《杜甫全集校注》，萧先生后来又成为第一任全国杜甫研究会会长，至今山大仍是这一块领域的会长单位。

山东大学的古典文学研究在全国名声大噪，看来主要是受惠于《文史哲》杂志所发起的《红楼梦》讨论。关于这一事件的是非，我想在这里赘言几句。如同《文史哲》在山东大学创办并非偶然原因所致一样，李希凡、蓝翎的《关于〈红楼梦简论〉及其他》在其他地方得不到支持而最后不得不刊发在《文史哲》上，也并非杂志主持者们的一时心血来潮。中国古典文学的研究、讲授与训练，历来是山东大学的强项，对明清几部小说的探讨与评论，自然也在其中。所以，由山东大学的两个毕业生来写这篇批评文章，当然明显与他们在校读书期间所受到的训练有关。"知出乎争"，这个儒家的遗训一直是《文史哲》杂志的办刊理念。所以，杂志自创刊号始，几乎期期都坚持与倡导学术讨论。李蓝批评俞平伯先生的文章能在这里找到发表的园地，固然与所谓"清算资产阶级学术"这个当时的特定语境有关，更与《文史哲》的办刊理念有关。即使时过境迁，再回头重读李蓝的文章，除了那个时代所铸成的痕迹以外，我们仍然必须承认，它是两个青年学生受时代的感召用新的研究观念和新的研究方法所写的一篇探索之作，如果说有什么特殊之处的话，那也不过是指名道姓与一个权威商榷，而这个权威背后是胡适。假如不是毛泽东主席插手此事，此文本身恐怕早就淹没在当时众多此类文章堆里去了。另外，旧中国的学术界既然可以把《红楼梦》解读成满汉冲突，也可以解读成宫帏秘事，还可以解读成"自叙传"，为什么就不容许新中国的学术界把《红楼梦》解读成一首"封建社会"的挽歌呢？把《红楼梦》还原为社会史事实，至少可以说开辟了一条研究明清小说的社会学途径，于今以学术尺度衡量之，仍无可厚非。总之，《文史哲》因发表李蓝的文章得到毛泽东主席的表彰，只能说是不期之誉，而对两个"小人物"的肯定和对《文史哲》的赞赏，又大大提高了山东大学的古典文学史研究的专业地位。鉴于这一事件在海内外议论较多且攸关山大和《文史哲》的声誉，特借这个场合作上述说明。

《文史哲》杂志不但把已有地位的山大中文系突出地摆在同行面前，也使刚刚从中文系独立出来的山大历史系陡然崛起于兄弟大学历史系甚至于一些老牌历史系之间。原来的山东大学只是在"中国文学系"内设有"历史组"，差不多与《文史哲》创办同时，"历史组"才独立而成为历史系。历史系虽为初设，但拥有杨向奎、童书业、张维华等12位知名教授，堪称兵强马壮，阵容整齐。其中8位教授的学问最为人称道，史称"八马同槽"或"八大金刚"。山大历史系唯因初设，曾默默无闻，是新创办的《文史哲》杂志使这个新系在新中国成立初的史坛上异军突起。《文史哲》在初创的当年，山大历史系就发起了为学界关注的"亚细亚生产方式"问题讨论。童书业先生的《论"亚细亚生产方式"》一文，被认为"是新中国成立后第一篇专门讨论亚细亚生产方式的文章"。如果说这场论战使山大历史系被学界刮目相看的话，那么，随后在《文史哲》上展开的"古史分期"问题论战则意味着山大历史系的真正崛起。《文史哲》1956年第3、4、5期连载了王仲荦先生的《关于中国奴隶社会的瓦解与封建社会的形成问题》的长文，全面地展开论证了"古史分期"中的"魏晋封建说"，这篇文章及发表在《文史哲》的其他相关论文，不但使他本人成为"魏晋封建说"的代表人物之一，山大历史系也因之成为该说的大本营。更重要的是，山大历史系由此而一跃成为史学界著名的魏晋隋唐史研究基地之一。"中国农民战争史研究"，是山大历史系所开辟的一个新学科，这个学科为学界所公认乃至后来一度成为"显学"，即主要是《文史哲》杂志力倡推动的结果。50年代的《文史哲》，共刊发相关文章近50篇，王仲荦、赵俪生、卢振华、华山等山大教授均参与了这一领域的开拓。其中，致力最早、用心最勤、堪称拓荒者的，则是至今仍健在的赵俪生先生。列举以上事例，仅想说明这样一个事实：几乎没有历史的山大历史系在50年代的繁荣鼎盛、声被学林，堪与一些名牌历史系媲美，可以说完全是《文史哲》之所赐。杂志与学科建设的关系，于此可以得到充分的说明。

山东大学的哲学，特别是哲学史的研究广为学界所知，亦得益于《文史哲》杂志。华岗校长对"辩证唯物论"和"历史唯物论"的出色解说在当时所产生的重大影响，这里不必多言。值得注意的是高亨、杨向奎诸先生基于各自的学养，在《文史哲》上对孔子、孟子、墨子、庄子、荀子、商鞅、韩非子等先秦诸子、先秦古籍的检讨，规模庞大，思考深入，被认为"是继郭沫若《十批判书》之后对先秦诸子的又一次集中清理"，颇引人注目。在60年代初的哲学史论战中，《文史哲》刊发的庞朴先生等学者的有关文章也立论不俗。此外，山东大学在众多人文学术领域的求索，也都得到过《文史哲》的支持，如吴富恒等关于文艺理论的研究，黄云眉、黄孝纾等关于中国古典文学方面的评论，殷孟伦、殷焕先等关于语言文字方面的研究，华岗、孙昌熙、刘泮溪等关于鲁迅的探讨，黄嘉德、吕荧、张健、金诗伯、陆凡等翻译和介绍外国文艺理论的文章，张维华等关于中国土地制度的探讨，郑鹤声等关于中国近代史的成果，吴大琨关于经济史的研究等，都在学界产生过较大影响。

发现人才，培养人才，这是《文史哲》创刊时就确定的一项原则。华岗校长曾要求"尽量使每一期刊物上出现一个新作者"。在《文史哲》的扶持下，一批青年学者脱颖而出。文学评论专家李希凡、蓝翎，美学家李泽厚，思想史专家庞朴、葛懋春，近代史专家汤志钧等等,他们成长的足迹均伴随着《文史哲》的历程。五六十年代在《文史哲》上刊发文章的许多青年人现在已是饮誉学界的硕学名家。"新时期"以来,《文史哲》杂志继续恪守"繁荣学术,扶植新人"的办刊方针,又把校内一批"新三届"的学术新秀推到各自学科的前沿。如陈炎的美学研究,谭好哲的文艺学研究,高旭东的比较文学研究,盛玉麒的汉字信息处理研究,王平的古典文学研究,杜泽逊的"四库全书"研究,冯春田的古汉语研究,张树铮、罗福腾的语言学研究,张涛的经学研究,王晓毅的魏晋玄学研究,王学典的史学理论与20世纪中国学术史研究,王育济的宋史研究,陈尚胜的中西交通史研究,胡新生的先秦礼俗与巫术研究,陶飞亚的教会史研究,傅有德的西方哲学研究,何中华的哲学与现代化研究,颜炳罡的新儒家研究,王新春的易学研究,刘杰、傅永军的西方哲学研究,等等,这批中青年教授借助于《文史哲》这块园地已迅速成长起来,分别在各自学科中占有一席之地,有的已取得公认的学术成就。在我看来,他们已构成山东大学有关文史哲领域学术研究的主体力量。与此同时,《文史哲》不拘门户,广开渠道,刊发了一批校外青年学者的佳作。作为许多青年人心目中学术成长的基地,《文史哲》为山大文科建设与学科调整和重建,为当代中国学术事业的薪火相传,取得了令人瞩目的成绩。

三

综上可知,山大文科在全国学术界所享有的巨大声誉,在相当大的程度上来源于《文史哲》杂志。至今仍能听到学界前辈这样评价："50年代我们在从事文史哲诸人文学术的专题研究时，总要了解山大学者的意见，总要参考《文史哲》杂志上的文章。"甚至还有传言，毛泽东主席评价《文史哲》时说：不读《文史哲》就不懂人文科学。每当听到这样的赞誉，相信每个山大人都会油然而生一种自豪感。《文史哲》杂志为以往山大文科所赢得的声誉，无疑构成未来山大文科复兴的基础和动力。

应该承认，与20世纪50年代的山大文科相比，今天已经盛况不再。山大文科正面临一种前所未有的形势：原有的堪称"龙头"的优势学科，除个别继续维持先前的地位外，不少已经难拔头筹，有的甚至已经面临生存危机；新冒出尖来的、具有较广阔前景的一些学科，有的还似欠缺锤锻，有的尚未得到应有的扶植；整个学术界的新老交替已经或者接近完成，但我们这里所拥有的实力足够强大、声名足够响亮的中青年学科带头人为数并不太多，以致文史两大传统学科内竟无一人入选教育部百人跨世纪人才培养计划；一些宝贵的学术资源正在流失，并且流失之势正呈扩大状。有时我们不能不扪心自问：山大文科还有多少只能够打出去的"拳头"？还有多少为学术界公认的"名师"、"名家"？在哪些领域我们还有发言权？还能听到山大的声音？一个人，在三级学科内为人所知，是为做学者的开始；在二级学科内广为人知，是为学术带头人；在一级学科内无人不晓，是为名家；而超越一级学科为另一学科所知所认，可谓大师。目前山大有多少人能在影响力上超越二级学科、一级学科或跨越学科？老实说，对这些问题的回答并不十分乐观。更为重要的一点是，我们当前的人文社会科学领域正发生一场表面上悄无声息但实际上很深刻的学术革命：一些学科在无情地衰落，另一些学术高地在急剧地隆起。山东大学在迎接这场革命时，目前尚缺乏足够的自觉，而任何疑迟，都会影响将来的发展。我对山大文科现状的上述基本估计，可能太过消极一些，但作此危言于纸，主要是愿与大家一起感受危机，感受挑战。

山大的文科必须复兴，不然的话，我们不仅会愧对前辈先贤，更会愧对后学来者。山大文科在未来几年的复兴任务可否这样概括："兴新学，继绝学，保特色，举人才。"所谓"兴新学"，就是抓住机遇，尽快发展那些为社会潮流、历史大势、社会主义市场经济所急需的经济、法律、管理、新闻传播等学科，在这个方面，力争不掉队，甚至某些领域要走在前列，为后人创下基业。去年岁末我们抓住了增设法学、经济、管理、外语博士点的机会，这为实用学科的下一步发展奠定了坚实的基础。所谓"继绝学"、"保特色"，就是要继续那些似灭未灭的学术薪火，将山东大学"文史见长"的优势和特点保持下去。在这个方面，我们要守业并有所开拓，尽管许多传统学科不为现实所急需，但依然能为山大赢得声誉，甚至包括那些冷僻学科（经学、音韵、训诂、版本、文献整理等），只要有人在研究，并且愿意"皓首穷经"，我们都要支持。人弃我取，守先待后，应是我们在"继绝学"、"保特色"方面的基本方针。"举人才"，其意甚明，无须多说。中国有句古训："人存政存，人亡政息。"为了说明人才与学科之间的关系，这句话可变为"人存学存，人亡学息"。的确，没有专家和有影响的教授支撑，谈不上什么"学科"，更谈不上所谓"学科建设"。近若干年，一些传统优势学科的式微，纯属"人亡学息"。当前，一场校际之间的人才争夺大战已经硝烟四起。我曾经断言：新世纪前后十年内是中国高等教育人才资源重新配置的最佳时期，能否在这场"学战"中稳操胜券，将决定这个世纪初叶各高校文科的兴衰，特别是面对那些咄咄逼人的原为单一理工科的超级名校，它们正在采用"挖大树"、"补短腿"的人才战略，其目光正在盯上像我们这样的既有人文传统又处地缘劣势的人才老校。文科最需要的是研究者的愉悦感受，若缺这种人际环境，学术栋梁就可能被连根刨走。对此，我们一点也不能放松。如何留住现有人才，吸引高水平人才，加快培养后备力量，将是今后文科工作的重心。在这方面，学校将有一系列重大举措出台，前景似也光明。

更积极、更主动、更自觉地参与整个山大文科的学科建设，尤其是在"继绝学"和"保特色"等方面多作努力，是《文史哲》杂志在未来一段时间内所应承担的主要职责。

山东大学现有文科杂志 6 家。这些刊物所刊载的研究成果应当有所侧重：社会科学类杂志当然侧重刊用应用性成果，人文学科类杂志当然优先刊用基础性成果。我历来主张人文与社科应当两分。人文的研究是所有研究中最能显现人生目的性价值的研究。我敢大胆预言，21 世纪最终会成为人文的世纪，因为与人文的终极关怀和至善人生塑造比较起来，所有的科学和技术都不过是手段。社会科学研究可以直接产生社会效益，而人文研究却不会去制造"利润"。重科学而轻人文，要么是政治上的功利主义，要么是学术上的机会主义。衡量应用性成果的价值尺度是可操作性的，衡量人文成果的价值尺度是学术含量、思想深度和精神高度。如果这个区分大致不错的话，考虑到山大文科各杂志实际上有自然分工这个事实，我个人认为,《文史哲》应该名正言顺地成为文史哲诸学科的专攻刊物,进一步地说,应该把《文史哲》办成专事基础研究的人文学术杂志。作为一家专事基础研究的杂志,一般说来,应与风头保持适当的距离,尽量避免采取直接介入的态度。当然,这并不是说,这个杂志将来不应刊发经济学、社会学、法学等与现实共脉动方面的成果。它可以而且也应该刊发上述诸学科的成果,只是要求这些成果要达到经济哲学、法哲学、社会哲学的高度,不是从"技术"层面、"科学"层面思考问题,换句话说,必须从"形而下"走向"形而上",而这也就使这些成果具有了人文性质,从而与《文史哲》的宗旨相通。

如何办好《文史哲》杂志?这不仅是杂志编辑部诸位同人所思考的问题,也应是全校上下都应思考的问题,因为这个杂志已成为山东大学特别是山东大学文科的"标识"。在这个问题上,我个人的基本看法是:一、杂志要进一步加强与"少壮派"学人的联系。提出这一看法是基于上文指出的学界的新老交替已经或接近完成这一事实。《文史哲》与老一辈学者的联系人所共知,没有这些令人尊敬的前辈们的支持,杂志不可能有今天。今后,来自这些老专家的支持仍不容忽视。与此同时,也应该看到,活跃在当前学界前沿的是一批"文革"后新成长起来的"少壮派"学人,杂志与这批学人的联系似应更加紧密。只要《文史哲》杂志立志于追踪学界主流,就必须获得这批新专家的支持。如果办刊眼界再宽阔一点,那么就应该从30岁左右的新一代学人中寻觅脱颖出众者。刊物的编辑者应该具备这种识珠慧眼。二、与海外学者的联系也应加强。《文史哲》是一份有较大国际影响的杂志,随着中国对外开放的加深和全球化时代的到来,海内外学术上的共同话题肯定会越来越多,学术研究上的闭关自守就变得愈来愈不可能。在这种背景下,《文史哲》杂志就应该把与海外"中国学"专家的沟通放在比较重要的位置上,力争将杂志办成国际"中国学"领域的名刊,从而使《文史哲》成为山大学者与海外学者联络与交流的桥梁。在21世纪的国际文化流变中,中国传统文化的价值将被重新认识,我们期待着"国学"成为"世界学"。为此,《文史哲》有必要率先在高校文科学报中推出她的英文版,使之成为世界获知中华文化的重要窗口。三、《文史哲》杂志应该而且也必须进一步参与主流学术界对重大问题的讨论。《文史哲》的历史表明,它早已不是一份校刊,甚至也早已超越了省区的界线。它不但早已深入主流学术界,甚至还曾几度领导潮流,因而它今天没有任何理由退缩。《文史哲》必须面向全国,不仅自己要提出一些为整个学界感兴趣的话题,还要更加积极地与学界对话;述旧学,铸新知,既要保持往昔的"品牌"优势,更应开拓主流学术界所共同关注的新领域。四、建立合乎学术规范要求的匿名审稿制度,以学术尺度为选稿刊用的唯一标准,排除人情的、功利的及其他非学术因素的干扰,使《文史哲》成为学术评价与取舍的典范。学术标准的确定,还蕴含着杂志对作者学术品位及学风的培养。任何浮躁的、求一时之用的、剽掠他人成果的、追逐风头的文章均不应出现于《文史哲》。保持古典性、学术性、纯粹性、高雅性,一如高山流水,应是《文史哲》不懈的追求。

最后,应对《文史哲》在山大文科建设中的功能作进一步的界定与强调。在我看来,她应是山大传统与特色学科的重要支撑,她应是催生文史哲学科新秀的温床。人文社科学科建设的基本思路应该是：传承和弘扬基础与传统学科，重点支持优势与特色学科，大力发展应用与技术学科，培育和扶植新兴与交叉学科。文、史、哲三学，以传统与新兴划分，属传统学科；以基础与应用划分，属基础学科；以一般与特色划分，属特色学科；以目前山大文科现状划分，属优势学科。因之，无论从哪一角度划分，均应给予重点支持。特别是对教育部设在山大的"易学与中国古代哲学"、"文艺美学"两个人文研究基地，应给予倾斜，加大扶持力度。学科建设由三要素构成，即学术梯队，这是学科的主体；科研成果，这是学科的客体；培养人才，这是学科称之为学的依据。《文史哲》对文史哲三大学科建设所涉及的三大要素都必须形成直接支撑。要通过杂志对山东大学的学术梯队进行科研整合，有目的地推出组合或连续性课题的成果，力争用一个或数个组合，形成或壮大一个梯队，精出一批成果，培养一批新人。看准了的，应在一个组合中让新人唱主角。如此坚持下去，《文史哲》与相关学科就是密不可分的一体，山大文科建设将迈上一个新台阶。

　　学人易老学难老，文似星火师作樵；
　　华章代有新人出，焚膏继晷领风骚。

　　愿《文史哲》在新世纪里再措薪火，以迎山大文科第三次辉煌。

（原载《文史哲》2001年第3期）

《文史哲》的创刊与发展

吴富恒

掀开新中国的学术思想史,不能不关注《文史哲》的发展历程。在某些阶段或某种意义上,它甚至可被视为反映中国人文、社会科学发展的晴雨表。作为与之同呼吸、共命运、相伴半个世纪之久的创办者之一,笔者似可将它的主要贡献总结为如下三个方面:

首先是开新中国高校办刊风气之先河。1951年,在当时的山东大学校长华岗同志的亲自领导和关怀下,新中国第一家高校人文、社会科学期刊《文史哲》诞生了。创办之初的《文史哲》,机构设置非常简单,华岗同志任编委会主任,我和杨向奎等人为编委,具体的编辑业务由杨向奎、殷焕先负责,后来又增加了葛懋春等同志。当时的办刊经费很少,刊载文章不发稿费,甚至有时还要办刊者自己掏腰包来补贴印刷,因而还有些同人刊物的性质。然而无论如何,经过筚路蓝缕的创业过程,新中国的高等院校终于有了自己的人文学术期刊,这不能不说是一个创举。

其次是繁荣学术。创刊以后的《文史哲》,贯彻了在辩证唯物主义和历史唯物主义指导下的"百家争鸣"方针,先后在全国范围内开展了有关农民战争问题的讨论、中国封建社会历史分期问题的讨论、"亚细亚生产方式"问题的讨论、《红楼梦》问题的讨论等学术争鸣,在当时的学术界产生了巨大的反响。可以毫不夸张地说,20世纪50年代,要了解中国的学术动态,首先需要翻阅的刊物,便是《文史哲》。

最后是培养学者。提起《文史哲》,人们很容易联想起当年被毛泽东同志所赞扬过的"小人物"。其实,现在想起来,李希凡、蓝翎在《文史哲》的成名并不是偶然的。由于贯彻了"百家争鸣"办刊方针,当时不少初出茅庐的青年学者都曾在《文史哲》上发表过具有独立见解的文章。从这一意义上讲,《文史哲》既是大学者的讲坛,也是小人物的摇篮,为培养新中国的人文、社会科学工作者作出了应有的贡献。

作为全国第一家高校人文、社会科学期刊,《文史哲》的崛起并不是偶然的。与上述三个方面的历史贡献相对应,我们可以总结出三条经验:

首先是有一个好的领导。当时的华岗校长是党内杰出的理论家,他不仅有着坚实的马克思主义理论基础,而且视野开阔、胸襟远大。他之所以创办《文史哲》,并不仅仅是为了给人文、社会科学工作者开辟一个新的学术园地,而且是为了在新中国建立以后开辟出一片新的学术空间。他要通过《文史哲》打破旧有的、单一的学术模式,建立起一种辩证唯物主义、历史唯物主义指导下的新的学术范式。更为难能可贵的是,华岗同志的办刊思想具有很大的自由性和包容性,他主张在学术问题上各抒己见、开展争鸣,从而在全国范围内吸引了大批学者。

其次,除了华岗校长的领导之外,《文史哲》的繁荣有赖于一个强大的学者队伍。山东大学一向以文史见长，20世纪30年代就曾汇聚了洪深、杨振声、赵太侔、闻一多、老舍、梁实秋、沈从文、游国恩、吴伯萧等一大批人文学者，奠定了良好的学术传统。50年代以后，中文、历史两系更是进入了黄金时代。当时的冯沅君、陆侃如、高亨、萧涤非、吕荧、高兰、殷孟伦、殷焕先、关德栋、蒋维崧、杨向奎、童书业、丁山、王仲荦、卢振华、郑鹤声、许思园、黄云眉、张维华、赵俪生、陈同燮等享誉国内外的知名学者云集山大。这支队伍不仅保证了《文史哲》的学术质量，而且在某种意义上也代表了新中国的学术水平。

最后，也是最为重要的，是《文史哲》的繁荣和发展有赖于我党关于"百花齐放，百家争鸣"的学术方针。回顾《文史哲》半个世纪的发展历程，其最为辉煌的20世纪50年代前期和60年代前期，正是我们的国家政治上比较稳定、经济上相对繁荣的时期，与之相反，在1957年"反右"和1966年"文革"之后的相当长的一段时间里，《文史哲》的办刊便常常有动辄得咎、步履维艰之感。我记得1958年山东大学由青岛迁至济南的时候，《文史哲》有行将停办的危险，为此我跑到省委宣传部门，要求将《文史哲》变成省里的刊物，由山大继续主办。我还记得"文革"期间，《文史哲》随山东大学迁至曲阜后，为了保持刊物的学术质量，我们到北京等地四处约稿的情景。我更不会忘记，在极"左"思潮风行的时期，《文史哲》因刊登了一篇学术文章，而被指责有这样那样的问题，我不得不跑到北京，通过各种关系向上面解释，以保住刊物……总之，就像中国的人文、社会科学一样，《文史哲》的发展历程也并非一路平坦。然而尽管也有着七灾八难，我们终于闯了过来，并迎来了改革开放、学术繁荣的崭新时代。

由于学术期刊的增多和以京、沪为代表的学术中心的发展，今天的《文史哲》，似乎已不像当年那样引人瞩目，但仍以扎实的学风和开阔的视野而受到学界同仁的广泛赞誉，并稳居同类期刊国内外发行量之首的地位。在1999年进行的全国首届"国家期刊奖"评比中，《文史哲》和《北京大学学报》两家高校文科学报获得了"国家期刊奖"的光荣称号，保持了良好的学术声誉。

我们相信，在党的学术政策的指引下，在新的山东大学大好形势的感召下，《文史哲》的全体同仁一定会继承这一期刊的优良传统，使其蒸蒸日上、永葆青春。

(原载《文史哲》2001年第3期)

传播人文知识　光大人文精神
——"人文精神与现代化学术研讨会暨《文史哲》创刊 50 周年庆祝活动"开幕词

朱正昌

尊敬的各位来宾，女士们，先生们：

今天，我们在这里举行"人文精神与现代化"学术研讨会暨《文史哲》创刊 50 周年庆祝活动，首先我代表山东大学党委和行政，并以我个人的名义对各位专家学者表示热烈欢迎！这次学术研讨会和庆祝活动所以能够成功举行，得到了在座诸位学者的大力支持，也得到了山东大学北京校友会的大力协助，对此我们表示衷心的感谢！

这次学术研讨会和庆祝活动，是山东大学百年校庆系列活动之一，所以我想在这里简略地追忆一下山大的历史，尤其是人文社会科学方面的历史，以便在座的诸位学者能对山大的历史有一个概略了解。

山东大学是一所百年老校，创建于 1901 年，初名为山东大学堂。当时的山东巡抚是袁世凯，他上奏光绪皇帝《奏办山东大学堂折》、《山东试办大学堂暂行规程》，光绪皇帝于十月六日批准，在京师大学堂之外设立了第一个官办的省立大学堂。之后历经变迁，山东大学成为国内著名大学之一。山东大学堂第一任校长（当时称管理总办）唐绍仪是美国哥伦比亚大学文科出身，他聘请清末进士宋书升等30余人为经学教习，提倡尊孔读经，同时也开设文史哲等人文科学方面的课程。该校选送到日本留学的徐境心、张伯言等人，后来成为孙中山的同志，为辛亥革命作出了贡献。1914年，山东大学堂裁撤，组建了六个专门学校。1926年六个专门学校合并，组成山东大学，校长是前清状元王寿彭。王寿彭公开提倡"读圣贤书，做圣贤事"，主张尊孔读经，以提倡经学为己任，思想有保守的一面，但他也接受了一些维新思想，深知文化、教育对国民的重要性，热心教育事业，制定了完整的《设学大纲》和明确的培养目标。而且他自己也不摆架子，主张学术平等。当时年仅15岁的校友季羡林先生，因为连续两个学期得了甲等第一名，王寿彭亲笔题写了一副对联和一个扇子面，在扇子面的落款处写有"丁卯夏五，羡林老弟正，王寿彭"。王寿彭是著名书法家，又是山大校长、省教育厅厅长，名气甚大，时人以重金求其书法者，大有人在，而季羡林作为一个普通人家的孩子，却因为成绩全优，不求而得书法。在给季羡林题写对联和扇子面不久，王寿彭因思想陈旧，受到谴责，辞职离任。著名洋务派人士辜鸿铭被任命为校长，但因为辜鸿铭已经在北京大学任教授，力辞不就。军阀张宗昌自任校长，在全国被引为笑谈。当时的人文学者有王宪五、陈舸庭、丛禾生、祁蕴璞等人，负责全校的经学、文学、史学的必修课或选修课。著名爱国人士鞠思敏先生，当时任正谊中学校长，兼任山东大学高中部伦理教师，其道德品质高尚，对学生的影响很大。

1930年，杨振声任校长。杨振声是美国哥伦比亚大学文学博士，并攻读过该校的教育心理学，有一套在当时看来是先进的教育理念。杨振声采用蔡元培办北京大学的方针，实行兼容并包、学术自由的方针，著名人文学者何思源、傅斯年、蔡元培、闻一多、梁实秋、赵太侔、沈从文、老舍、洪深、游国恩、王统照、吴伯萧、闻宥、黄敬思汇集在青岛。此时的山东大学成为人文学者荟萃之地，蔡元培先生说"山大的环境可以说是中国唯一的，背山面海，实在是适于研究学问的地方"。此时的山大可以与清华媲美，成为全国人文重镇。臧克家、张道一等人沐浴了山东大学的教泽，后来成为著名诗人和学者。

抗战时期，国立山东大学迁至四川。山东抗日民主政府在临沂创设山东大学。解放战争后期，又把临沂山东大学和华中建设大学合并为华东大学。这也是山东大学校史的一部分。当时，薛暮桥、杨希文、阿英、尚钺、宋之的、孙冶方、范长江、周原冰、刘季平、车载等人担任教授，罗荣桓、丁伟志、庞朴等人在华东大学学习过，徐经泽、袁世硕、臧乐源、周来祥先后在这里学习和工作。

1946年，山东大学在青岛复校，赵太侔任校长。1951年，山东大学、华东大学合并组成新的山东大学，著名马克思主义理论家和学者华岗任山大校长。在赵太侔和华岗主持学校时期，陆侃如、冯沅君、吴富恒、赵纪彬、丁山、杨向奎、萧涤非、高亨、赵俪生、童书业、王仲荦、殷孟伦、殷焕先、张维华、郑鹤声、吕荧、高兰、关德栋、蒋维崧、陈同燮、许思源、黄云眉、卢振华、黄孝纾、孙昌熙、刘泮溪、吴大琨、孙思白、罗竹风等学者聚集在山大，山大的人文优势又一次得到全国学者的肯定。1951年5月，经华岗校长倡导，陆侃如、杨向奎诸位先生大力支持，创办了新中国大学的第一家人文社会科学期刊《文史哲》，华岗任社长，陆侃如、吴富恒任副社长，杨向奎任主编，童书业、王仲荦、赵俪生、吴大琨、殷焕先、卢振华、孙思白、孙昌熙、刘泮溪是编委会成员，年轻教师葛懋春参与了日常工作。杂志创办之初，经费紧张，困难很多，但山大的学者们自己掏钱赞助刊物，发表文章不要稿费，终于度过困难时期。后来又得到山东省的支持，《文史哲》逐渐成为读者喜欢的刊物，在全国学术界产生了广泛而深刻的影响。华岗办刊思想具有很大的自由性和包容性，主张在学术问题上各抒己见，开展争鸣。有新观点的文章大量发表。"小人物"李希凡和蓝翎合作的《关于〈红楼梦〉简论及其他》，在杂志上发表后，经毛泽东主席给中共中央政治局的一封信的推动，引发了一场全国规模的《红楼梦》大讨论，进一步提高了《文史哲》的知名度。校外著名学者王亚南、周谷城、顾颉刚、罗尔纲、黄药眠、陈子展、齐思和、杨宽、吕振羽、严北溟、周汝昌、程千帆、日知、阴法鲁、何兹全等，把自己的得意之作首选《文史哲》发表。一批年轻学子汝信、李泽厚、钟肇鹏、张传玺等，或者在《文史哲》发表了自己的处女作，或者在《文史哲》上发表了自己的成名作。后来，季羡林、张岱年、任继愈三位学界泰斗把自己的新作和得意之作也都送给《文史哲》发表。

由于全国范围内著名学者的大力支持，《文史哲》在五六十年代开展了一系列学术讨论和争鸣，如中国古代史分期、亚细亚生产方式、资本主义萌芽、土地制度、农民战争、社会主义经济法则、红楼梦研究、文艺理论和现代文学研究等，都产生了重大影响。80

年代以来,又开设了中国近代史基本线索笔谈、文化史研究笔谈、魏晋玄学笔谈、科玄论战笔谈、儒学是否宗教笔谈、戊戌变法与中国现代化道路笔谈,开设了人文学科世纪回顾与展望、国学研究、审美文化研究等有特色的栏目,发表了一系列有重要影响的学术论文,在学术界引起重大影响。《文史哲》的历任主编杨向奎、刘光裕、孔繁、丁冠之、韩凌轩,都为刊物的发展作出了自己的贡献。《文史哲》成为山东大学文科的骄傲。

2000年7月22日,原山东大学、山东医科大学、山东工业大学合并,组建成新的山东大学。新山东大学是教育部直属高校,实行教育部与山东省共建共管体制。经过学科重组和融合,将进一步发挥学科的综合优势,实现资源的优化配置。人文社会科学也会进一步得到加强。新山东大学必定会有光明的前途。对此,我坚信不疑。去年,我到山东大学任职以后,曾去上海进行考察和访问,在上海图书馆的展览橱窗看到陈列着《文史哲》,我感到非常高兴。可见,《文史哲》成为山东大学文科的象征当之无愧。我深信,《文史哲》一定会进一步坚持为人民服务、为社会主义服务的方向,贯彻"百花齐放,百家争鸣"的方针,继续实行"严肃严谨,求是求真,繁荣学术,扶植新人"的办刊宗旨,把刊物办得更好,为山大人文社会科学的建设发挥更大作用,为繁荣学术研究,振兴人文科学作出新贡献。

《文史哲》杂志是人文杂志,以传播人文知识、弘扬人文精神为己任。传播人文知识的目的,是振奋人文精神;探讨人文学术的目的,也是振奋人文精神。因此,《文史哲》理应成为弘扬人文精神的重镇。《文史哲》创刊50周年庆祝活动,和人文精神与现代化学术研讨会，放在一起举行的缘由，正在于此。同时，把这次活动作为山东大学百年校庆活动之一，也有以此为契机，振兴山东大学人文社会科学的目的。

在这里，请允许我简略地谈一谈人文精神的问题。我在大学是学理工的，在座的专家，对我讲得不对的地方，可以提出批评。我个人有一个看法：人文精神的失落是一个带全球性的问题。据有关专家说，学术界在1993—1996年开展过人文精神的讨论，那次讨论由上海文学批评界发起，《文艺报》、《读书》杂志积极参与，使人文问题成为当时文坛热点，引起了学术界、舆论界广泛的关注。但那次讨论由于"语境"和其他方面的原因，往往对概念的界定予以过分关注，所以有玄虚、空疏和形而上的不足，学院化倾向太明显。事实上，问题的关键不在于如何界定"人文精神"，而在于如何振兴人文精神。

我知道，《文史哲》非常重视对人文精神的讨论。以前的《文史哲》我看的不多，从去年我到学校以后看过一些文章。听说从1997年第5期开始，开辟了"人文学科世纪回顾与展望"的专栏，至今开办了20多期，已经发表了数十篇论文，在国内外产生了一定的影响。2000年第3期开设过"科学精神、人文精神与科技创新"栏目的笔谈，发表的何中华的《科学与人文：保持必要的张力》、马来平的《作为科学人文因素的崇尚真理的价值观》、王学典的《"历史"与"科学"》三篇论文，《新华文摘》转载过，我看了。这三篇论文在国内学术界产生了较大影响。2001年第1期，在"人文学科世纪回顾与展望"栏目下，又发表了"东方美学的研究前景"笔谈，日本神户女子大学滨下昌宏在《东方美学的可能性》

一文中，提出了"如何面对人文学的衰退的紧迫课题"，认为"人文学的危机这一事态"，其具体表现是，人文学本身"失去了提高人的尊严、德性向上、自我实现的方向性等等这些传统的固有课题的力量"。国内学者宋生贵在《东方美学的当代话题》中，提出了"人文生态"的问题，认为人文生态，"集中体现为人与周围环境（包括自然环境、社会环境、文化环境等）失却了和谐态，以致出现人与自然的分裂、人与社会关系的变态、文化价值观念的倒错、人自身人格的分裂等，这主要是来自工具理性与科学扩张的负面作用"。《文史哲》发表的这些论文，其观点是否能立得住，学术界会参与讨论。我看了以后，觉得提出的问题确实值得关注。

据《文史哲》编辑部的几位教授说，最近几年，国内学术界对人文精神的重视，进一步提高。尤其是对科学精神与人文精神的关系，兴趣激增。1998年9月至1999年4月，《中国文化报》开辟了"科学与人文对话"的专栏；1999年7月，北京图书馆召开了"科学与人文对话"的学术讨论会；2000年江苏人民出版社推出了"科学与人文对话"的丛书；最近，中国人民大学出版社又推出了由叶朗主编的"人文学科与人文精神系列"丛书。这些对话和丛书的出版，加深了对人文问题的认识。

在过去的讨论中，人们注意到价值理性与工具理性的二分，认为现代化是工具理性化的过程，在现代化的过程中，必然导致工具理性与价值理性的冲突，科学精神与人文精神的冲突。人文精神与现代化是否相容？在上述的对话中，有的学者认为，科学精神中可以纳入人文精神的内容，可以导致人文精神的因素，人文精神也应该包容科学理性，在一定意义上说，科学精神是科学理性与人文精神的融合。

在人文社会科学与自然科学的关系问题上,我注意到,我们山东大学学术委员会名誉主任,尊敬的季羡林先生提出了一个著名观点:人文社会科学是"帅",自然科学是"兵"。他说:"社会科学其实起着帅的作用。它对国家的管理,社会的进步,经济的发展,民族的凝聚力,都有相当直接的关系。科技当然重要,它是强大的活跃的生产力,能够推动社会的变革。但科技不能脱离那个时代的社会科学水平和社会机能的制约而起作用。如果社会的管理水平低,吏治腐败,文盲遍地,那就会大大限制乃至抵消科技所能发挥的作用。"季羡林先生作为一个人文学者,从他的视角提出了一种观点,是否能得到认同,我不是太清楚。作为一个党务工作者,我去评论季先生的观点,也不一定合适。但我觉得人文精神确实应该得到重视。我这个学理工科出身的人,绝不看轻人文精神的作用。江泽民总书记今年春天提出了"以德治国"的思想,这也是属于人文科学的话题。学术界对"以德治国"的思想,已经开展了讨论,这对推动人文精神的讨论和促进社会主义精神文明,肯定会起到重大作用。

正是由于面对人文社会科学的这样一个热点问题,《文史哲》编辑部向学校提出,要求借庆祝创刊50周年活动的机会,举办这次"人文精神与现代化"学术研讨会,就市场经济和经济全球化的大背景下如何振兴人文精神开展讨论。展涛校长,徐显明副校长,包括我本人,十分重视这次学术研讨会,学校还拨出专款支持这次活动,并把它作为山东大学百年校庆的一部分。听说,在本次学术研讨会上,学者们可以就下列问题发表高见,例如,人文精神的失落有哪些表现形态？在市场经济条件下，如何处理终极关怀和世俗关怀的关系？对传统人文精神如何挖掘，以为我用？如何正确处理物质利益和精神追求及工具理性和价值理性的关系？如何建构人文精神？人文教育的重要性何在？人文精神与美德教育的关系是什么？等等。我相信，通过这次讨论，学者们对人文精神与现代化的关系问题，会有更进一步的认识，可能在某些问题上取得共识，也可能提出一些新的问题，引起以后更广泛的讨论。同时，通过这次会议，也会使我校与全国各地的专家学者取得更为广泛的联系，大力促进山东大学人文社会科学的建设和发展。

最后，我预祝讨论会取得圆满成功。我们热忱欢迎各位学者在自己合适的时候，到山东大学做客，对山东大学文科的建设和发展提出宝贵意见。谢谢大家！

(原载《文史哲》2001年第4期)

弘扬人文精神　处理三个关系

季羡林

各位来宾、各位校友：

我是山东大学最老的校友，今年90岁。我当校友时是15岁，至今已经75年了，在座的朋友没有比得上我的。这75年以来，我始终关心山东大学的发展。前几年我到山大去过一次，在那里放言高论了，内容不一定正确，可是我一定要讲真话。讲一个什么观点呢？就是文科理科的界限越来越不那么泾渭分明，也不可能泾渭分明。现在所有的学科都是逐渐靠近，逐渐融合，文理也是这种情况，现在看起来全国的、全世界的最先进的自然科学技术与人文科学衔接得越来越密切。后来，南方一家报纸说，季羡林主张21世纪文理不分科，我没这意思。在这里辟谣吧。现在问题是这样的，就是大家都在讲人文精神，刚才朱书记也讲人文精神，因我不是搞哲学的，伦理学我也不搞，对哲学没什么研究，可是我就琢磨什么叫人文精神，好像我看的报纸上杂志上还没有哪一个学者能把它说清楚，都是模糊语言。无论如何，刚才朱书记讲到了，人文精神跟我们江主席提出来的"以德治国"中的这个"德"，起码是有很大的关系，所以我现在自己考虑一个问题，就是最近读了高占祥同志的几本书，其中一本大书叫《人生宝典》，250 篇文章全是讲道德的、讲修身的，后来我就考虑这个问题：什么叫道德？在座的好多哲学家、伦理学家，对这个问题都有想法。我完全是一个外行，过去我发表过好多的意见，都是野狐谈禅。咱们来个辩证看吧，就是野狐本身有缺点，他不是内行，可他也有优点，他没有框框，所以有些专家，特别是这个钻研越深、程度越高，框框越厉害，就是总想纳入自己的体系里边。我没有体系，我是野狐。我也不是搞哲学的，我也不专搞道德。什么是道德？今天我只能随便讲这么几句。我正在写一篇文章，我觉得一个人一生下来就要处理好三个关系：一个是大自然和人的关系——天人关系。第二个处理好人与人的关系——社会关系。第三个处理好佛教叫"身、口、意"的关系，"身"，行动；"口"，语言；"意"，思想。"身、口、意"这三方面的正确与错误的这个关系——修身关系。我觉得从这三个方面讲，哪个人处理得最好，那么他的道德就最高，处理得不好，就叫"缺德"。我随便讲一个例子，今天早晨，我看昨天的《参考消息》里面提到什么呢，大家都认为美国这个国家人数不是太多，但消耗的世界资源最多，而且向空中排放有毒的气。现在这位布什总统就否认这一点，人家说你应该限制一点，不要放有毒的气，造成温室效应，造成臭氧空洞，这位总统就坚决否认。到了今天，一个大国的总统对大自然与人的关系就这么处理。恩格斯在 100 多年前讲过，我们不要过分陶醉于我们对自然界的胜利，每次胜利，大自然对我们都进行了报复。这话真是了不起。100 多年前，当时科技对人类造福的同时，这点弊端还不那么明显，现在非常明显了。可是恩格斯就讲出这样的话，真不愧是一位伟大的马克思主义奠基人。他的话越来越证明，最近几年，时间不是太长，我们全世界好多国家的领导人注意环保了，环保成为问题，在历史上（我也不是专门研究历史的），在唐代不讲环保问题，清代也没讲环保问题，到了今天为什么讲环保问题？因为大自然对我们的惩罚已经很厉害了，你再不讲的话，将来人类前途就有危险。所以我说从这个观点上，人与大自然的关系、人与人的关系、人的"身、口、意"正确与错误的关系，在这个地方来看这个道德，谁处理好谁就是最道德。所以我刚才说我野狐谈禅，写一篇东西，把我对这个问题的看法写出来，供大家批判。我跟《文史哲》50年来没脱离关系，我认为《文史哲》还是在我们全国各大学文科学报里面是很有特色、很有地位的，这当然跟我们山大的党政领导多少年来的关心是分不开的。另外，我们历任主编也是非常胜任的。到了今天，刚才朱书记讲了，《文史哲》将来会有大大的发展，大大的发展当然会给我们山大增加光辉，实际上对我们中国的人文社会科学提供一个很大的推动力。现在我就祝山大永远发展，永远向上！祝我们《文史哲》永远发展，永远向上！谢谢大家！

精益求精　更上层楼

张岱年

各位同志、各位朋友：

今天在这里庆祝《文史哲》创刊50周年，具有重大的意义。《文史哲》是山东大学主办的刊物，然而她不仅仅是山东大学的刊物，她具有全国性。50年来她发表了许多文章，其中许多文章很有价值，对新中国学术的进步起了促进作用。《文史哲》创办50年了，很值得庆祝。前年《文史哲》发起了一个问题的讨论，这就是儒学是否宗教的问题。这个问题很重要，《文史哲》把它提出来加以讨论，发表了许多文章，对于学术的发展具有很重要的意义。50年来，《文史哲》发表了许多类似的重要文章，推动了新中国学术事业的发展，对此我很佩服。《文史哲》创办已经50年了，今后还要更进一步，要有新的发展。我祝愿《文史哲》今后精益求精，在我国学术发展史上起着更重要的促进作用。我就讲这么几句话，表示祝贺！

把握重大问题　繁荣中国学术

何兹全

各位来宾：

《文史哲》创刊50周年了。50年来，《文史哲》对发展中国史学、繁荣中国史坛，作出了很大贡献。今天当它创刊50周年举行庆祝之际，谨向《文史哲》致以衷心的祝贺！

长话短说，现在想提几点想法：

一、世界形势的发展是：全球一体化。当代经济一体化、全球化，必然导致世界一家，"地球村"。"天涯若比邻"会成为"天涯是比邻"。人类社会，由氏族而部落，而部落联盟，而国家，而帝国，一路发展下来，像滚雪球一样越滚越大。这个大趋势，谁也挡不住。这个发展的基础是生产力的发展。而推动这个发展的是交换经济。交换经济像蜘蛛网一样，把不同地区、不同职业的人网到一起，互相依存。

二、中国传统文化的核心精神，是和谐、天下为公，四海之内皆兄弟也。这种文化精神和未来世界一家的精神是一致的、和谐的。因此，在未来的世界一家的社会中，中国的传统文化必然是得到发扬，而不是衰落。

三、马克思主义和世界发展的必然趋势,是一致的。共产主义,就是世界主义,天下一家的社会必然是共产主义的。马克思主义仍然是有生命力的。这两年,在一部分人眼里,马克思主义好像过时了。这是苏联垮台的结果,是东欧社会主义国家垮台的结果。在这些事实面前,产生了信仰危机。人们把这些坏账、坏事,都算在马克思主义头上,是错误的。其实马克思主义仍是有生命力的。

四、马克思主义的历史理论——辩证唯物论,近两年好像也受信仰危机的影响,在一些人眼里也不适应时势了。就以我所从事的中国社会史的研究来看,现在的社会史研究,方向已转到研究社会生活、衣食住行、风俗习惯等方面的研究。生产关系,社会形态的研究,已被放到一旁。一些学者把中国社会史的研究从 80 年代算起,继承的是法国年鉴学派。20 世纪 20 年代末 30 年代初的中国社会史论战,已不再提及了。50 年代和 70 年代的社会史研究也不提了。衣食住行、风俗习惯等都是社会史研究范围内的问题,但社会史的主流应是社会经济史、生产关系史、社会形象史。这是研究社会发展和发展规律的大学问。它不但是社会史研究的主流,而且是人类整个历史研究的主流。这是指导人类通晓过去、预见未来的大学问。

《文史哲》今后的发展方向如何?指导思想是什么?我想,在考虑这些重大问题的时候,我上面所提的四点,是否可以供参考?这与《文史哲》的前途有关、方向有关。《文史哲》已经创造了她辉煌的过去,预祝她也一定能创造更加辉煌的未来。

"百家争鸣"与学术创新

李希凡

各位学术界的前辈,山东大学和《文史哲》的校友们:

我作为受到《文史哲》的培养,在《文史哲》1951年创刊时就发表过文章的学生,今天能应邀来参加《文史哲》50岁生日的盛会,既感到荣幸,又十分激动。

《文史哲》创刊时,虽然是山东大学的学报,但并不局限于校内的学术研究,而是面向整个社会科学界。50年来,文史哲经诸学科许多著名的前辈学者都曾在《文史哲》发表过他们的学术力作,给《文史哲》以大力支持。同时,也有不少崭露头角的青年学者,怀有极大信任感地把他们有创新见解的处女作投寄给《文史哲》。50年来,《文史哲》无愧于曾经辉煌于古代的齐鲁文化之乡,它继承了"百家争鸣"之学的优秀传统,为促进新中国的学术发展,作出了自己的贡献。

正因如此,它才享誉国内外,至今发行量仍居同类学术刊物的前列。也正因如此,它才被评为全国百种重点社科期刊,并获得首届国家期刊奖与全国双十佳学报的荣誉。

纪念《文史哲》创刊50周年,我们不会忘记,在新中国成立初期它的最初创办者、有远见卓识的第一任社长、山东大学的老校长华岗同志，它的第一任主编、当时的文学院长、著名历史学家杨向奎先生，以及《文史哲》第一任编委会的老师们，他们都是当时全国知名的学者，是他们开创了《文史哲》的办刊传统。正像这次会议邀请函中所说，"严肃严谨，求是求真，繁荣学术，扶植新人"，是从创刊时就确立的宗旨，而对于"扶植新人"，敢于发表青年人的不同意见，哪怕是对于权威以至师长的不同学术见解，以促进学术的新发展，更是当时编委会所重视的。我最近才知道，每逢发表这样文章的时候，当时的编委会都是进行过认真的讨论，并作出集体决定的。我想，这也是早期《文史哲》"赢得广大读者、作者的厚爱"的原因之一吧。

《文史哲》创刊时，党中央还没有提出"百家争鸣"的方针，但这却有自古以来以至五四时期的学术传统。老师们信奉的是"吾爱吾师，吾尤爱真理"，因为这是学术发展的规律。我们的老师，都是在"五四"前后的学术环境中成长起来的。他们深知，如果把尊师重教视为是一切必须以师说为是，亦步亦趋，否则就是大逆不道，那学术就不能有什么发展。

50年间，《文史哲》主编已不知换了几代。我只记得80年代中期，在我没有调中国艺术研究院以前，是由两位60年代毕业的中文系的学弟做主编，和我有联系。我也正在刊物上发表过几篇关于鲁迅和《红楼梦》的文章，后来因为行政工作忙，也就逐渐失去联系了，不过，刊物还一直寄给我。时代在前进，《文史哲》也有了新面貌，我们感觉90年代以来，似是各个领域的现代化的话题，多于史的研究，作者队伍也有了很大的变化，即使是在文学方面，有很多作者也是我所不熟悉的了，这说明时代的巨变，也变革了学术的命运，更新了作者的队伍，《文史哲》在同时代一起前进。现在所赢得的荣誉，也证明了《文史哲》仍为当代读者和作者所钟爱。中国艺术研究院也办了几种刊物，其中也有一个院刊，应当说它的学术品位，也受到文艺界相当的尊重，它也得到了《文史哲》同样的各种荣誉，却不知在哪个环节上出了毛病，在印数和发行上，却远不如《文史哲》那样受到读者的钟爱。

要讲有什么意见和建议，我只是觉得办刊宗旨的四方面的概括，似乎还有点重复，有点欠缺，"严肃严谨"，其实在"求是求真"中就可概括了，倒是"百家争鸣"的精神，实是《文史哲》深受读者、作者欢迎，并取得成就的关键所在，在办刊宗旨里却没有得到概括，我看是个缺憾。这是我的印象和总结，不一定准确。

50年代初，山东大学曾经是文理工农医五院18个系的综合性大学，比别的综合性大学，还多了一个海洋系，50年代中期因院系调整，都分出去了，只剩下文理两院，后来从青岛迁到济南，又留下了一个海洋系。现在由于适应改革时代的要求，又有工医两院的并入，当然其规模与现代化，又非50年代可以相比。今年是21世纪的第一年，山大迎来了百年校庆，《文史哲》则迎来了50岁的生日。可谓欣逢盛世，双喜临门。

作为一个老校友，作为一个得到《文史哲》培养的受惠者，我热烈地祝贺母校更加繁荣发展、蒸蒸日上，祝贺《文史哲》办得更好，在21世纪祖国的精神文明建设中作出更大的贡献。谢谢！

感谢与期待
——我与《文史哲》五十年

庞 朴

各位老师,各位朋友:

非常荣幸有机会被邀请参加《文史哲》创刊50周年的庆祝活动。我与《文史哲》有着渊源深厚的关系。在《文史哲》50年的历史里,前25年我一直整天在编辑部旁边上班,后25年我离开了山东大学,但仍然认真阅读了每一期《文史哲》。因此,我对《文史哲》有非常深厚的感情。在参加这个纪念活动的时候,我难免有很多感想,其中最大的感想,就是叫做应该感谢,首先应该感谢的是《文史哲》对我的教育和培养。我想了一下,《文史哲》与我的关系是一个教育和受教育的关系。我自己没有上过任何正规大学,没有任何毕业文凭,我的一些文学知识、历史知识、哲学知识,可以说全是从《文史哲》接受过来的。我从50年代开始在山东大学工作,那时是一个干事,没有什么知识,每一期《文史哲》的出版,我都可以有机会先睹为快,比其他读者抢先一步,这是我应该感谢《文史哲》的。第二个应该感谢的,就是我自己后来陆续尝试着写了一些小东西,其中有些在《文史哲》上发表。尽管现在年纪大了,但年轻时候在《文史哲》上发表文章的那种感觉到现在还记忆犹新。自己的一点努力得到承认，那是对我最大的培养，它鼓励我继续前进，向前探索。特别值得一提的是我1974年发表在《文史哲》上的文章，当时我的政治状况很不好，这个情况《文史哲》当然知道，别的地方也知道，因此我的有些文章在别的地方不能发表，而就是在1974年那样的时候，我的一篇学术文章居然在《文史哲》上发表了。过后，吴富恒校长还跟我说：你不错，好好写。当时我非常感动，且不说别的地方能否发表文章，就连我的生存都成问题的时候，《文史哲》居然发表了我的文章。这是我应该感谢的第二个方面。第三个方面，其他许多人可能没有机会，而我却有一个机会，我曾经当过《文史哲》的编委，"文化大革命"以前的60年代，我当了5年左右的《文史哲》编委。在每次编委会讨论方针、讨论计划、讨论稿子时，我所受到的教育是非常具体、非常生动的。当时讨论稿子，每篇都留有记录，审稿单写得非常详细，提出了很具体的修改意见。我自己的一些审稿单就是在这样的鼓舞下而放言高论，写了许多评论，从中得到教育，受到培养，使我自己知道应该如何写文章，应该如何做人。在庆祝《文史哲》创刊50周年的时候，我的这种感谢之情油然而生。

许多朋友都觉得《文史哲》最近几年好像比较艰难。对此，我们应该全面看待。以前学术刊物很少，《文史哲》是第一家由高等学校创办的面向社会的刊物，而现在人文学科的刊物很多，当然有个竞争的问题，会影响刊物的征订额。昨天晚上我读了山东大学副校长徐显明教授发表在《文史哲》2001年第3期上的文章，里面除了列举《文史哲》过去的许多成就外，特别是在文章的最后对《文史哲》的未来,对山东大学人文学科建设的未来发表了一些看法,我从中受到鼓舞。我希望在未来的年代里,《文史哲》真正能够随着山东大学以及全国学术事业的发展而一起发展。谢谢!

强化办刊意识　保证出版质量

蔡德贵

尊敬的各位贵宾，女士们、先生们！

首先让我代表《文史哲》编辑部全体同仁对各位前来参加"人文精神与现代化"研讨会暨《文史哲》创刊50周年庆祝活动，表示衷心感谢。现在，我把《文史哲》近年来的工作向各位来宾简要介绍一下。介绍侧重于近些年的工作，因为以前的工作，徐显明副校长在纪念创刊50周年的文章中已经写得很详实，各位来宾可以翻阅。我在这里不再浪费大家宝贵的时间。

新山东大学成立以来，校领导对学校建设提出了许多指导性意见，对文科各院系的建设非常关心，对《文史哲》的工作也给予及时的指导。在中共山东大学党委、行政的领导下，由中华人民共和国教育部主管、山东大学主办的《文史哲》杂志，多年来一直严格执行出版法规，严格按照国家新闻出版总署和省新闻出版局的指示精神，严守自己多年来形成的办刊宗旨"严肃严谨，求是求真，繁荣学术，扶植新人"，没有发表偏离办刊宗旨的文章，没有买卖刊号或搞一号多刊，没有发表有舆论导向错误的文章，没有发表格调低下的文章，没有发表政治观点错误的文章，没有违法违规的现象。本刊严格执行三审制（责任编辑初审、编辑室主任复审、主编终审，个别稿件还送外审），执行"三校一读"制度，使杂志的差错率一直控制在最低的程度，基本上达到了精品的要求。由于严把政治关和技术质量关，本刊多年来发表了大量高质量的学术论文，在国内外产生了广泛的影响，享有较高的声誉，一直被评为全国中文核心期刊，连年来多次获得大奖：1998年被国家新闻出版总署评为首届全国百种重点社科期刊，1999年获三项大奖：被中国人文社会科学学报学会评为首届全国双十佳学报，被国家新闻出版总署评为第二届全国百种重点社科期刊暨首届国家期刊奖。国家期刊奖是期刊界国家级最高奖项，是国内官方颁布的奖项，是国家新闻出版总署正式下文明确申明了的，在国内期刊界和学术界享有崇高的地位。国内多家新闻单位报道了这次评奖，产生了重大的社会反响。2000年，由国家新闻出版总署前署长于友先、副署长梁衡主编的，中国出版方面的权威出版社中国出版杂志社出版的大型画刊《新中国期刊五十年》以《竹篁雅音，泠然希声》为题报道了《文史哲》所取得的成绩，誉本刊为"求是求真的学术名刊"。山东省新闻出版局局长车吉心在其中撰写的《前进中的山东期刊出版业》中，肯定山东在"五十年代创办的一批哲学、社会科学和自然科学、工程技术类期刊，现在不少已经成为国内外著名期刊，如山东大学办的《文史哲》（1951年创刊）、中国科学院海洋研究所办的《海洋与湖沼》（1957年创刊），在国内外学术领域都有较大影响"。由人民出版社出版、中国出版杂志社编辑的《百刊风采》更在突出位置发表了《保持学术高品位，争取再上新台阶》的经验介绍，系统介绍了《文史哲》办刊的六条经验。国家新闻出版总署前署长于友先在该书发表的《春江水暖鸭先知》的序言中，特别肯定了《文史哲》所取得的成绩，说"可以理解一本《考古》或《中国社会科学》、《文史哲》等对一个学术文化工作者的重要意义"。他意味深长地说，包括《文史哲》在内的名刊，"或以其对真善美的弘扬，或以其对文化的传承、学术的积累，在我国的社会文化中起着不可或缺的作用。惟其如此，我们珍视这些名牌，并愿为它们树碑立传，更希望它们更上一层楼，以稳定而不断提高的优质，让读者永远被它们潜移默化地影响着、感动着"。中国出版年鉴社编辑出版的《中国出版年鉴2000年》在"荣誉榜"栏目中对《文史哲》用彩页作了介绍，肯定本刊取得的成绩。

　　《文史哲》能获得这么多大奖，并不是偶然的，而是多年来在党的正确领导下，坚持社会主义的办刊方向，坚持四项基本原则，坚持以马克思主义、毛泽东思想、邓小平理论为指导，一直坚持刊发高质量的学术理论文章赢得广大读者支持的结果。在国内《新华文摘》、中国人民大学报刊资料复印中心、《全国高校文科学报文摘》这三大文摘类刊物中，《文史哲》的转载率一直名列前茅。1998年，《文史哲》被《新华文摘》转载的文章，居同类刊物第一名，1999年，居第二名，共转载11篇文章。2000年，《新华文摘》已经转载了《文史哲》刊发的18篇文章，创造了新的纪录；同年被中国人民大学报刊资料复印中心、《全国高校文科学报文摘》等转摘或复印的，达80余篇。另外，据南京大学学报统计，《文史哲》的引用率在全国高校学报中名列第四，依次为《北京大学学报》、《北京师范大学学报》、《中央民族大学学报》、《文史哲》。2001年，《文史哲》又被南京大学中国社会科学研究评价中心《中文社会科学引文索引》(CSSCI-1999)选用为来源期刊。

　　学术期刊肩负着建设社会主义精神文明的重大历史任务,应该对促进社会主义精神文明和物质文明建设、满足人民群众的精神文化需求发挥积极的作用,任重道远,我们深知自己肩上的担子是很重的。《文史哲》是山东大学的一个重要窗口,山东大学文科要振兴,办好《文史哲》是关键措施之一。办好《文史哲》的标准,一个是看转载率,一个是看引用率,一个是看社会反响。在这些方面,可以说《文史哲》都是尽力去做的。1998年,我们组织过一组笔谈"儒学是否宗教",约请了张岱年、季羡林、蔡尚思、张立文、郭齐勇、李申六位著名学者谈了自己的看法,第3期刊出后,在全国引起重大反响,至今还有书刊在转载或引用,全文转载或重点转载的已经有12处之多,包括《新华文摘》、《光明日报》、《哲学动态》、中国人民大学报刊资料复印中心、《读者参考》、《儒教问题争论集》(任继愈主编,宗教文化出版社2000年版)、《宗教与世界》(1999年第3期)等,至于引用这组笔谈的更是非常多。这给我们一个很大的启发,促使我们有意识地组织一些名家笔谈。这是提高转载率的有效办法。我们会在以前取得成绩的基础上,再接再厉,不骄傲,继续严格遵守国家的出版法规,把《文史哲》办得更好,创出中国的名牌。

　　本刊今天在北京达园宾馆举行庆祝创刊50周年的活动,为庆祝本刊的创刊,中共山东省委常委、山东大学党委书记朱正昌研究员和著名学者季羡林、张岱年、臧克家、任继愈、蔡尚思、庞朴、黄楠森、李希凡、吴富恒、蒋维崧、奚广庆、龙协涛等先生题写了贺词,山东大学副校长徐显明教授特意撰写了纪念文章,这是对我们的极大鼓励。编辑部成员决心以此为契机,进一步狠狠抓住杂志的质量,强化"严格管理,重在质量"的办刊意识,保证本刊的出版质量达到国家规定的标准和要求。在座各位学者有什么好的建议、意见,尤其是对我们的批评,我们都希望能提供给我们,我们将不胜感谢。

谢谢大家!

学术质量，立刊之本

丁冠之

各位老师、校友和朋友们：

首先我要声明，我不敢也不能代表老主编来发言。我只能作为一个《文史哲》的老编辑，谈谈我在《文史哲》工作10年期间的一点感受。在《文史哲》创刊50周年之际，我想应该对华岗老校长、对杨向奎主编以及那些老编委表示钦敬、崇敬和怀念之情，因为这些先生们，大部分已经去世了，依然健在的先生有好几位，也已经是重病缠身。这是第一点。第二点就是对现在的《文史哲》的编辑班子，表示祝贺，因为这几年的工作做得非常出色，比我做得好。下面我将谈几点感想。

《文史哲》经过了50年的风雨历程，我自己体会有这么几点，或者叫一个中心或者一个基点三项保证。都是提纲挈领，不会耽误大家太多的时间。

一个中心就是以学术为中心，以学术为本位。我想这恐怕是《文史哲》之所以历久不衰的关键所在。我有时候开玩笑，我说这是《文史哲》的通灵宝玉，丢了它就没有《文史哲》，所以培养学术新人也好，百家争鸣也好，都是从这个基点上引发出来的，这是

《文史哲》的传家宝，这是创办《文史哲》的老师们给我们留下的一份非常珍贵的家业。我认为，《文史哲》的这个接力棒不管传到谁手里都不能丢下以学术为中心、以学术为本位这一个基点，这是第一点。第二点就是编辑队伍应该学者化，或者叫教授办刊，学者办刊。用现在通俗的一个说法就是"编辑学者化"。这个问题在学术界，在刊物界有争论。但是我至今坚信，只有编辑学者化，或者是教授办刊、学者办刊，才能提高刊物的品位，才能有这种眼界把刊物的质量提上去。这一点学校的领导非常之明确。创刊的时候大家都知道了，实质上是个教授的同人刊物，一直延续至今，我想学校在配备编辑班子的时候，都经过慎重的考虑。现在这个编辑队伍有6位教授，4位副教授，其中有2位博士生导师。他们都在各自的领域里头有所成就，而且还带着他们的专业方面的研究生，所以我觉着，要说保证的话，这是第一条。第二条就是全国学术界的广泛支持。刚才季羡林先生、张岱年先生，还有其他几位先生都讲了这个意思，没有全国学术界的支持和厚爱，就没有《文史哲》的今天。所以，这也是《文史哲》创办之初就决定了的。就是说这是一个面向全国的开放性的刊物，不是仅处于山大一隅，那样的话只能越办越萎缩。所以，它是全国学术界的一个学术阵地。这一点一直到现在也是极为明确的。所以我说我们《文史哲》从来不考虑或者不讨论什么内稿为主，外稿为主，这个传统我们是一直坚持的。因此，全国学术界的朋友们在向《文史哲》投稿的时候，不用担心因为是外稿而受到歧视，在质量面前人人平等，这是第二层保证。第三层保证就是学校的支持。我想这也不是一句套话。创刊之初是非常清楚的，校长亲自担任社长，后来编委会一直是文科的一些学术带头人参与的，有一段时间是编委会的成员直接讨论稿件，在发稿之前要进行讨论，哪一篇用，哪一篇不用，而且都提得非常具体。所以，这当然首先是学校领导支持。学校领导支持是多方面的，人力的，物力的，财力的。另外对《文史哲》的工作首先是重视的，他们都认为《文史哲》是山大的一个窗口，是山大的一块金字招牌，不能玷污它，所以在《文史哲》的工作方面多给予支持。这一次纪念活动就是一个明显的证明。移师北京搞这个纪念活动，而且拨了专款，一般来说，为一个学报，为一个刊物，兴师动众，搞这么大规模的纪念活动，大概也还不太多见。另外还有一条我觉得是历届的学校领导，对《文史哲》的工作不干预，特别是在用稿方面，这点我是体会很深的。编辑部实际上是个小单位，在这个中层的班子当中是最没实力，最没有力量的一个单位，但是有一条它权很大，就是你的稿子，你校长的稿子或你校长推荐的文章，他们都要求我们由《文史哲》来裁决，这点我觉得权还是很大的。这有好多实例，我就不说了，有的就直接给顶回去，我想也没有遭到任何的报复，或者穿小鞋，我在这10年期间，没有这种感受。在这方面权也是很大的，这就保证了《文史哲》真正能独立办刊，真正能用学术的标准来衡量文章，因此才能保证《文史哲》的品位和档次，使其文章有一定的质量。我觉着这一点非常好。形成这样一个风气以后，学校的领导干部也好，包括教师也好，这篇文章送不送《文史哲》，要掂量掂量，他觉得没有分量，他要回避了，他尽量把稿子送到别处去，不是给《文史哲》，这个是千真万确，不是故弄玄虚。所以我觉着《文史哲》50年的历程概括起来，我自己想的，就是以学术为中心或者以学术为本位。我常说的在商言商，在学言学,我们搞的就是学术刊物,你不要搞别的,搞好了学术刊物,就是最大的政治。对我们来说,当然这方面也有经验教训,《文史哲》也是走过弯路的,什么时候离开学术这个轨道,《文史哲》的面貌就不是原来《文史哲》的面貌了。"文革"期间有这个教训,当然这不是《文史哲》编辑部的同仁们所愿意干的了,但是这总是经验。要长期坚持《文史哲》的学术特点,必须顶住各方面的压力,所以我为什么说这个接力棒的问题,因为总是要一代一代传下去嘛!一定要把这一点看成《文史哲》的传家宝,另外就是我说的那个三点保证。谢谢大家!

保持学术生机　不断创造佳绩

龙协涛

各位嘉宾，各位代表：

今天，学术界的学者欢聚一堂，共同探讨人文精神，隆重纪念山东大学建校100周年，隆重纪念为弘扬人文精神作出重要贡献的学术刊物《文史哲》创刊50周年，我谨代表北京大学学报编辑部，代表中国人文社科学报学会向山东大学的党政领导和全校师生，向《文史哲》编辑部的同行朋友，致以最热烈的祝贺！

一提起《文史哲》，它的社会影响是为人们所公认的。它的影响早已超出了山东大学，超出了齐鲁大地。无论是在国内，还是在国外，可以找到知道《文史哲》而不知道山东大学的人，但一定找不出知道山东大学而不知道《文史哲》的。今天，选择在首都北京，隆重纪念她创刊50周年，这一事实本身的的确确说明这个诞生在齐鲁大地的人文社会科学刊物已经走向全国，走向全世界，成为办刊历史较长的老牌刊物，新中国第一个大学文科学报，成为涵盖文史哲的大型综合刊物，成为在全国有影响的著名刊物，可以说是老刊、大刊和名刊。说到老刊，不一定就值得骄傲，有的老刊逐渐走向衰落，风光不再。而《文史哲》作为50年代初诞生的老刊，新中国第一家文科学报，它随着时代的发展和进步，能保持学术生机，不断更新自己，焕发新的面貌。说到大刊，不一定就有优越别人的地方，办刊物不一定搞大篇幅就好。而《文史哲》作为大刊，表现在刊物有大的策划，发表过一些大手笔的文章，整个刊物体现出一种大的学术气度。说到名刊，不一定值得崇拜，有的名刊名不符实。而《文史哲》作为名刊的可贵之处，能够保持著名刊物的荣誉，能够不断创造佳绩。这个佳绩就是成为荣获首届国家期刊奖的刊物，就是连续荣获第一届、第二届全国百种重点社科期刊。这里我要解释一下这两个奖项。我们现在的一些评奖评得比较乱，然而这两个奖项由中宣部和国家新闻出版总署评得很严肃，很认真。一是程序严格，由各省市、部委推荐；二是受奖面很小，全国只有八九家学术刊物，高校学报700家只有两家，含金量很高。三是获奖后并不是终身的，这两个奖是每两年评一次。所以说《文史哲》取得这个成绩是非常不容易的。概括地说，《文史哲》是老刊有新面貌，大刊有大的学术气度，名刊能够不断创造佳绩，是官方和学术社团共同评定的精品刊物。

中国人文社科学报学会成立已有13年的历史，它是教育部主管、民政部注册公认的国家一级学会，目前已发展为拥有630家集体会员和3000名个人会员的大的学术社团。它是沟通政府主管部门和各高校的桥梁与纽带。大学学报作为中国人文社科期刊的一个重要期刊集团军，我们组织广大会员学习党和国家的新闻出版方针，增强繁荣人文社会科学的历史使命意识和社会责任感，用我们办的刊物为高校的教学、科研服务，为社会主义物质文明建设和精神文明建设服务。而《文史哲》就是我们这个学会引以为骄傲的会员，以50年不平凡的业绩为我们的学会增光添彩，是我们学会的排头兵，是中国最有影响的大学学报之一。

今天，山东大学举行百年校庆活动，举行以"人文精神与现代化"为主题的学术研讨会，同时举行《文史哲》创刊50周年的庆祝活动，这三件事情放在一起办很有意义，体现了会议策划者的某种思考，体现了策划者的远见卓识。根据我的理解和体会，要担当弘扬人文精神、繁荣学术的历史使命，广大人文社会科学工作者责无旁贷，而学术理论刊物更是责任重大，任重而道远。因为办好一本刊物，就是举起了一面旗帜，它可以弘扬一种精神，推动一种社会思潮，倡导一种学风，团结和造就一批学人。而《文史哲》走过的50年光辉历程充分证明了这一点。而中国的高校，不仅是培养高层次人才的摇篮，而且应该成为传播人文精神、弘扬人文精神的重镇。高校的社会功能，不仅要培养人才，造就学术大师，而且能够培育出像《文史哲》这样在国内外有重大影响的精品刊物。我相信，山东大学的《文史哲》，中国的《文史哲》，通过认真总结50年来的办刊经验，在山东大学党政领导始终一贯的支持下，依靠编辑部全体同仁呕心沥血、精益求精的工作，《文史哲》这本为学术界认同的高品位的刊物，这本方向正确、内容创新、编排规范、印制精美的刊物，一定会高扬学术的旗帜，永葆学术青春。

学术为本　营造品牌

张耀铭

尊敬的各位专家、学者，各位来宾：

值此《文史哲》创刊 50 周年之际，我谨代表《新华文摘》杂志全体同仁表示热烈的祝贺，同时也表示诚挚的感谢！《文史哲》全体同仁，以他们光荣而又辛勤的劳动，积 50 年之功，几代人的努力，为中国学术界，也为中国文化人创办了一个颇有影响的刊物，历久不衰。改革开放后的 20 多年来，《文史哲》和我们《新华文摘》有着密切联系，给予我刊很大的支持，提供了许多高质量的学术文章。从某种意义上讲，《文史哲》、《北京大学学报》等兄弟报刊是我们的衣食父母，如果没有他们的开拓性、原创性的工作，我们《新华文摘》就不可能"聚焦学术动态，展现百家风采"。

由于工作关系，我是《文史哲》的忠实读者，每期必读。我的印象，它在我国同类刊物中，始终处于领先地位。1998 年，它就被国家新闻出版总署评为首届全国百种重点社科期刊；1999 年国家新闻出版总署评出的第二届全国重点社科期刊共 108 种，评出的首届国家期刊奖（国家级期刊界最高奖项）共 48 种，《文史哲》都在其列。而获得这两项大奖桂冠的，在全国众多大学创办的刊物中，唯有《文史哲》、《北京大学学报》两家,可以说是凤毛麟角。它们以各自所蕴涵的文化底蕴和学术前沿性雄踞学术刊物的前列,为国家权威机构和广大读者所认可。

　　读《文史哲》杂志,品学术文章,从中我体悟它有三大特色:一是严肃严谨,使它拥有了高品位。它不浮躁,不猎奇,不走极端,追求严谨,追求质量,追求科学,是这本刊物的一贯表现。正因为如此,《文史哲》在读者心目中一直占有着重要的位置。二是求是求真,有前沿意识和创新意识。学术期刊除了正确的政治导向之外,还有学术导向。学术导向是学术期刊的主体导向,它由学术水准导向、学术课题导向、学术争鸣导向、学术风气导向等多个子系统构成。通过发表高质量、高水准的论文,引导读者向本学科学术研究的深度发掘;通过组织的稿件、开辟的专栏讨论、刊发的"按语"、编后,引导学术界对一定阶段内的重点、难点、热点问题开展研究;贯彻党的"百家争鸣,百花齐放"的方针,以多种方式鼓励不同学术观点的商榷、争鸣;倡导创新求真、平等探讨、以理服人的良好学术风气。这些说起来容易,做起来却很难,需要编刊者不断提高自身的政治素养、思想素养、学术素养,还要有胆、有识,有海纳百川的胸怀。50年来,尤其是党的十一届三中全会以来,《文史哲》所发之文多数是反映前沿的作品,每每有新思想、新观点、新见解、新材料,他们的不断探索,为我们提供了有益的经验。三是扶植新人,培养了大批人才。翻开新到的刊物,我们常常看到既有文学泰斗的佳作,又有无名小辈的文章,而往往后者的比重更大。不问作者面生面熟,选择稿件注重质量,是它一贯坚持的原则。也正是这种选稿原则，使它培养和"造就"了一大批教授、博导，使一些人扬名学术界，也使刊物总是保持着一种朝气，成了研究和审察思想文化界状况的重要资料。

《文史哲》已经走过了自己可圈可点的50年。今天，我们已经步入21世纪。新世纪是传承中创新的世纪，衷心地祝愿《文史哲》学术为本，营造名牌，创造更加辉煌的明天。

最后，预祝"人文精神与现代化学术研讨会"取得圆满成功。

谢谢大家！

《文史哲》培养了我

李希凡

今年五月,是《文史哲》创刊三十周年。三十年前的当时,我还是山东大学中文系一年级的学生。我们这些建国初期在校的老校友,都把那时称作山大的"黄金时代",山东大学刚刚与华东大学合并,就我们中文系来说,合并来的还有齐鲁大学的同学。号称五院十八个系,一片蓬勃发展的景象。校长是享有盛名的近代史家、马列主义理论家华岗同志,两位副校长童第周先生、陆侃如先生,也都是国内外文理科方面的著名学者和教授。

解放前的1947年到1949年初,我曾在山大中文系旁听过,后来才去济南投考了华东大学,并校时我是重回山大,因而,感受也要比别的同学深切一些。我觉得,比起白色恐怖笼罩山大的那些年月,那时的山大校园充满了解放的喜悦,又因为正在开展轰轰烈烈的抗美援朝运动,处处感到那种"中国人民站起来"的豪迈气概。我们的华校长和余教务长(余修同志),都非常善于做宣传鼓动工作,他们经常在六二广场(原青岛山大校内广场)上大课,讲形势,宣传马列主义毛泽东思想,无论是政治学习或学术研究空气都非常活跃。《文史哲》正是在这样的历史背景下诞生的。对《文史哲》的创刊经过，我不太熟悉，只知道是在华校长倡议下创办的，他还亲自担任了社长。

文科同学当时虽然也很注意《文史哲》的诞生，读师长们的学术论文，并没有想过自己去投稿，但1951年创刊后的第4期，却发表了我的一篇题名《典型人物的创造》的文章。不过，这不是我的投稿，而是文艺学课程的一篇作业。当时，我是文艺学的课代表，教授文艺学的师长，是中文系的系主任，国内知名的文学评论家和文学翻译家吕荧先生。记得是因为他要去北京参加第二次全国文代会，文艺学需要停一段时间的课，课程正讲到典型问题。他临行前给同学们留了作业，让大家学习运用马克思主义观点分析、解剖一个文学上的典型，写出自己的学习心得。虽然吕先生布置时，并没有要求每个同学都必须完成这个作业，但我觉得，自己是课代表，应当起带头作用。同时，自己也的确积累了一点材料，有一些看法，就结合着对课程的体会，写了一篇学习心得的报告。等吕先生从北京回来，就把它和其他几位同学的学习心得一起交了去。后来吕先生告诉我，他觉得这篇学习心得写得很认真，也有见解，他已稍作修改，推荐给《文史哲》发表，并说华校长已看过，也很称赞。自然，实事求是地讲，那不过是一篇学生的作业。我想，华校长和吕先生当时所以要发表它，用意不过是在鼓励学生学习运用马克思主义观点分析问题，培养学生的独立思考能力。这大概是《文史哲》较早发表的学生写的文章。

其后，吕先生虽然因故离开山大，我也在1953年毕业，分配到北京中国人民大学教师研究班哲学班做研究生。因为离开喜爱的专业，改学哲学，在一段时间里，自己思想情绪上很有些苦闷、波动,但《文史哲》编辑部并没有忘记帮助我这位已离校的校友作者。我现在已记不清当时编辑部还有谁,只记得始终和我有联系的,是葛懋春同志。我到北京后,一直还和葛懋春同志通信,很可惜,他给我的信,都在"文化革命"中散失了。我在1953、1954年和他通信中,曾诉说过自己失掉专业的苦闷和彷徨,也从他那里得到过不少帮助和支持。他鼓励我课余写作,不要放下笔;还主动来信问起,在写什么,在考虑什么问题,有文章可寄给《文史哲》。正是在他的热情鼓励下,我修改了在校时写的旧作《略谈〈水浒〉评价问题》(载《文史哲》1954年第4期);也正是在他的热情鼓励下,我和蓝翎同志商量,将当时找不到园地发表的我们合写的那篇《关于〈红楼梦简论〉及其他》(载《文史哲》1954年第9期),寄给他寻求《文史哲》的支持。葛懋春同志还经常把编委会或师长、读者的意见转达给我们。

当时,党的"百家争鸣"的方针虽尚未明确提出,但在华岗同志领导下的《文史哲》,一直坚持学术上的互相商榷探讨的学风,各种意见都可发表,还希望被批评的参加讨论,进行答辩。

当然,有时也由于我执拗、偏激,坚持错误意见,致使有的文章产生坏的影响,但责任不在编辑部,而在我自己。

翻看着《文史哲》创刊以来的目录,不禁心潮汹涌,想起刊物创始人,我们的老校长华岗同志,虽然他早在1956年,就被人诬陷为"骗子学者"、"反革命",投进监狱,终致含冤而死,但愿他洒下心血浇灌起来的《文史哲》的良好学风,能得到继承和发扬,这也是对他的永恒的纪念。

无论是作为读者、校友,还是作为一直受到《文史哲》关心、培养的作者，我都衷心地祝愿《文史哲》，为了促进伟大祖国的四个现代化，努力贯彻党的三中全会以来的学术路线，努力贯彻党的"百花齐放、百家争鸣"的方针，把《文史哲》办得更好。

一九八一年五月十五日于北京
（原载《文史哲》1981年第4期）

庞朴：感谢《文史哲》对我的教育和培养

辛珊达

庞朴，1928年生，江苏淮阴（今清江市）人。著名学者、思想家、中国哲学史学家。1949年参加革命。1954年毕业于中国人民大学哲学专业研究生班，同年到山东大学政治系哲学专业任教，1962年兼任《文史哲》编委。1974年调入中国科学院哲学社会科学部《历史研究》编辑部，曾任主编，并兼任《中国社会科学》古代史室主任、联合国教科文组织《人类文化与科学发展》刊物的国际编委、第一届国际儒学联合会理事。

庞朴先生作为中国哲学史学家，在研究中国古代文化、思想和科学技术诸方面都卓有成就。他治学严肃严谨，求实求真，同时又独辟蹊径，大胆创新，其学术研究在国内外都产生了重大影响。

庞朴先生的学术研究，渊源于他在山东大学工作时期。1954年以后，他在山东大学政治系哲学专业任教时，讲课生动，随时发挥，很少看讲稿，颇受学生欢迎。他的一位学生说，听庞老师讲课的笔记，整理一下就是一篇很好的文章。在山大期间，庞朴先生曾当了5年的《文史哲》编委。庞朴先生回忆说，编委会讨论稿子，每篇都留有记录，审稿单写得非常详细，提出了很具体的修改意见。他自己的一些审稿单就是在这样的鼓舞下而放言高论。另外，他也给刊物写了许多文章，从中得到修改意见，受到培养，使他知道应该如何写文章。

2001年5月，庞朴先生应邀参加山东大学纪念《文史哲》创刊50周年的庆祝活动，他在会上说："我对《文史哲》有非常深厚的感情。首先应该感谢的是《文史哲》对我的教育和培养。《文史哲》与我的关系是一个教育和受教育的关系。我自己没有上过任何正规大学，没有任何毕业文凭，我的一些文学知识、历史知识、哲学知识，可以说全是从《文史哲》接受过来的。第二个应该感谢的，就是我自己后来陆续尝试着写了一些小东西，其中有些在《文史哲》上发表。尽管现在年纪大了，但年轻时候在《文史哲》上发表文章的那种感觉到现在还记忆犹新。自己的一点努力得到承认，那是对我最好的培养，它鼓励我继续前进，向前探索。特别值得一提的是我1974年发表在《文史哲》上的文章。当时我的'政治状况'很不好，这个情况《文史哲》当然知道，别的地方也知道，因此我的有些文章在别的地方不能发表，而就是在1974年那样的时候，我的一篇学术文章居然在《文史哲》上发表了。过后，吴富恒校长还跟我说：你不错，好好写。当时我非常感动，且不说别的地方能否发表文章，就连我的生存都成问题的时候，《文史哲》居然发表了我的文章。"

在"文革"那个特殊的年代里，庞朴先生始终没有放弃学术研究。他默默探索，孜孜以求。当学术研究的春天到来时，他的研究成果得以问世。

1977年10月，庞朴先生开始陆续发表的关于长沙马王堆帛书五行篇研究的一组文章，证明子思、孟轲的五行说为"仁、义、礼、智、圣"，揭开了千古之谜。

1978年，他在《"火历"初探》一文中，提出了古代中国在使用太阳历、太阴历以前或同时，曾经使用过以火为标志的火历的说法，引起了天文历法研究者的极大兴趣。

同年，他撰写的《中庸评议》一文，提出了中庸的四种形态——A而B，A而不A，亦A亦B，不A不B，以抗争于非A即B的僵化的二分法，揭开了一分为三研究的序幕。之后，他又连续发表了数篇文章，系统地论述了中庸的所谓"中"，就是第三者，承认二分又承认中庸，也就是在事实上承认了一分为三。世界本就是三分的，但由于二分法的先入为主，人们总习惯于称"中"为中介，视之为两极之间起联系作用的居间环节，或者是事物变化过程的中间阶段，相信中间环节是暂时的，必将向两极分化而最终归结为二元的天下。而一旦二分法不足以解释一切现象时，亦有人主张一分为多。庞朴先生主张三就是多，多必归于三。三分法有一维、二维、三维的形态。

最近几年，庞朴先生又致力于湖北荆门郭店楚简的系统研究工作，发表了大量研究论文。他提出，郭店楚简的发现，填补了中国儒家学说史上的一段空白。在孔子、孟子之间的百余年里，由于资料缺乏，证据不足，无法理清儒学发展的情况。而郭店楚简的发现，解决了学术界多年未能搞清的思孟的心性论是怎样发展出来的、孔子的性相近说如何发展成孟子的性善说的谜团。

庞朴先生在学术研究上成就卓然，著作颇丰。主要著作有：《公孙龙子研究》、《沉思录》、《良莠集》、《一分为三》、《儒家辩证法研究》、《帛书五行研究》、《中国名辩思潮研究》、《文化的民族性与时代性》、《庞朴学术文化随笔》等。

(原载《光明日报》2002年1月4日)

我的选择

李泽厚

1982年,《文史哲》编辑部约我写篇谈治学经验的文章,推而又拖,迄今四年,仍然难却。我之所以推、拖,是因为第一,我自省确乎很少值得认真谈论的所谓"经验";第二,关于谈经验已经写过了。《书林》杂志上就发了两篇,还有一些"访问记"之类。不过现在既已提笔,只好硬着头皮再写一点。讲过的不再重复,下面结合自己谈谈选择问题。

在人生道路上,偶然性非常之多。经常一个偶然的机缘,便可以影响、制约、决定相当一段时期甚至整个一生的发展前途。因之,一般说来,如何在面临各种偶然性和可能性时,注意自我选择,注意使偶然性尽量组合成或接近于某种规律性、必然性(社会时代所要求或需要的必然和自我潜能、性格发展的必然),似乎是一种值得研究的问题。在学术道路上,也如此。如何选择在客观上最符合时代、社会或学科发展的需要性,同时有具体环境、条件中的可行性;在主观上又最适合自己的基础、能力、气质、志趣的方向、方法、专业和课题,而不是盲目地随大流或与各种主客观条件"对着干",便是一件并不容易而最好能自觉意识到的事情。

我的好些选择就因为吃了这种盲目性的亏而遭受损失。以后因为注意纠正、补救这盲目性而得到一点成效。

我开始着手进行研究工作是在大学一年级。现在看来，为时略嫌早一点：自己太性急了，在基础还不够宽广的时候，牺牲了许多广泛阅读的时间而钻进了小专题之中。当时正值抗美援朝捐献运动，学校支持身无分文的穷学生们以编卡片或写文章的方式来参加这个运动。记得当时我的同学和朋友赵宋光同志写了一篇讲文字改革的文章发表了。我则努力在写关于谭嗣同哲学思想的稿子。之所以选择谭嗣同也相当偶然，由于中学时代读过一些萧一山、陈恭禄、谭丕谟等人的书，对清史有些知识，对谭嗣同这位英雄同乡的性格有些兴趣，同时又认为谭只活了三十三岁，著作很少，会比较好处理，便未经仔细考虑而决定研究他。应该说，这是相当盲目的。结果一钻进去，就发现问题大不简单，谭的思想极其矛盾、混乱、复杂，涉及古今中外一大堆问题，如佛学、理学、当时的"声光电化"等等，真是"剪不断，理还乱"，很难梳理清楚；远比研究一个虽有一大堆著作却条理清楚自成系统的思想家要艰难得多。所以我这篇讲谭嗣同思想的文章易稿五次，直到毕业之后才拿出去发表。我研究康有为是在 1952 年，比着手搞谭嗣同要晚，但我第一篇学术论文，却是 1955 年 2 月发表在《文史哲》上的《论康有为的〈大同书〉》，因为康的思想就比谭要系统、成熟，比较好弄一些。时隔三十年，这篇讲《大同书》的文章现在看来似乎也还可以，最近《大同书》手稿和康的早年著作的发现倒恰好印证了该文的一些基本判断。而讲谭嗣同的那篇却一直到收入 1979 年出版的《中国近代思想史论》文集中才似乎改得勉强使自己满意。这个

"经验"实际上是给自己的一个"教训"。

我常常想,当年我对明清之际也极有兴趣,如果不过早地一头钻进谭嗣同,也许会研究《红楼梦》、李卓吾、王船山……这块未开垦的处女地更为肥沃,更有问题可提,更有宝藏可发。如当时搞下来,年富力强,劲头十足,到今天大概可以更有成绩更有收获吧。尽管至今仍然对这一段有兴趣,但时一过往,何可攀援,临渊羡鱼,退而不能结网,毕竟心有余而力不足了。这就是面临偶然性盲目性缺乏足够的自我选择的后果。我有时遗憾地回想起这一点,但已经没有办法。

我在搞谭嗣同的同时及稍后,逐渐认识到只钻一点是搞不好这一点的。于是便有意识地把研究面扩展到康有为及整个维新派,并由此而下及革命派和孙中山。当时像《戊戌变法》一类的资料书还没出版,我用任继愈老师借我使用的借书证(因为学生借书数量限制颇严)在藏书极为丰富的北大图书馆中看了和抄了许多原始资料(这使我至今觉得,真正要做历史研究应该尽可能查阅原始材料,而不能依靠像上述那种第二手的资料汇编)。这就是说,我意识到,不了解整个维新运动的前前后后,便不能真正了解谭嗣同;中国近现代的个别人物如不与时代思潮相联系便常常失去或模糊了他的地位和意义;特别是一些并无突出思想贡献或思想体系的思想家,更如此。这样一来,对谭嗣同思想的研究逐渐变成对中国近代思想史的研究。而中国近代思想史的研究又与当前现实有着深刻的联贯关系。谭嗣同以及近代思想史上的人物和问题便可以不只是对过往思想的单纯复述或史实考证,而似乎还能联系到今日现实的身影。这里并不需要故意的影射,而是昨天的印痕本来就刻记在今日的生活和心灵中。中国近现代的关系尤其如此。于是，对此作出认真的自我意识的反思研究，难道不是一件很有兴趣很有意义的事情吗？

这种意义的真正发现却是在"文化大革命"前几年和"文革"之中。民粹主义、农民战争、封建传统……无不触目惊心地使我感到应该说点什么。而这点"什么"恰好可以与自己近代思想史的研究结合在一起。所以，当我在"文革"之后连续发表这方面的文章和1978年结集时，我似乎因三十年前所盲目闯入的这个偶然性终于取得它的规律性必然性的路途而感到某种慰安，特别是收到好些青年同志当面或写信来说明他们感受的时候。

我的研究工作的另一领域是美学。走进这个领域的盲目性似乎不太多：自己从小喜欢文学；中学时代对心理学、哲学又有浓厚兴趣；刚入大学时就读了好些美学书，并且积累了某种看法。所以1956年遇上美学讨论，也就很自然地参加了进去。当时主要是批评朱光潜教授，但我当时觉得，要真能批好，必须有正面的主张。用今天的话，就是"不立不破"，自己倒是较早就明确地意识到了这一点。几十年来我很少写单纯批评的文章。我觉得揭出别人的错误一、二、三并不太难，更重要的应该是能针对这些问题提出一些新意见新看法。我总以为，没有自己的新意，就不必写文章。自然科学绝没有人去完全重复论证前人早已发现的定理、定律，社会科学领域其实也应如此。"人云亦云"、"天下文章一大抄"……的做法、说法，我是不大赞同的。因此，在第一篇批评朱光潜的文章中，我提出了美感二重性、美的客观性与社会性以及形象思维等正面论点。这些论点虽然一直受到一些同志的批评、反对，但我觉得这样比光去批评别人更有意思。

美学领域极广大，因此即使确定在这里活动，仍然有许多选择问题。搞什么？如何搞？是对审美心理或艺术现象作实证研究呢？还是研究美的本质？等等。这里有方向的选择问题，也有方法、课题的选择问题。

我对微观研究是有兴趣的。历来便喜欢看那些材料翔实、考证精当、题目不大而论证充分的文章，对某些巧妙的考据也常拍案叫绝，惊喜不已。我曾戏称之曰发现了"绝对真理"。对自己的学生、研究生，我也一贯提倡微观研究。我想中国人那么多，搞学问的人也多，如果你攻一点，我钻一点，把每一点的微观世界都搞得繁针密线、清楚翔实，那么合起来便大可观。这比大家挤着去做某些空洞而巨大的题目，有意思得多。我当年搞谭嗣同的哲学思想，研究康有为的《大同书》思想，也是从这种比较细小的专题着手的。

但由于自己主要兴趣仍在哲学，当年考北大，哲学系是第一志愿。同班及高班好友如赵宋光、王承祒纷纷在第二年转系时，我仍巍然未动。从而尽管对近代思想史、中国思想史、美学、艺术史、心理学以及中国古代史中的好些具体问题都极有兴趣，但我总不能忘情哲学。而且以自己一生精力去钻这些领域内的一两个专题，即使成了专家、权威，似乎也难以满足自己原有学哲学的愿望。而哲学却总是要求更空灵更综合更超越一些。至于自己为什么会对哲学有这么大的兴趣，则大概与自己的个性、气质、经历……有关吧。我还记得十二岁上初中一年级时的"精神危机"，想到人终有一死而曾废书旷课数日，徘徊在学校附近的山丘上，看着明亮的自然风景，惶惑不已……

我羡慕人们当专门家，但命运似乎注定了我当不了；而且也并不太想当。这观念经过"文化大革命"便变得更为明确。从而我的近代思想史、古代思想史、美学、康德……便都采取了宏观的方向和方法。我不求我的著作成为"绝对真理"、不朽永垂,在微观研究尚不甚发达的情况下,去追求准确的宏观勾画是几乎不太可能的事情,而稍一偏离,便可以相去甚远。但这种宏观勾画在突破和推翻旧有框架,启发人们去进行新的探索,给予人们以新的勇气和力量去构建新东西,甚至影响到世界观人生观,只要做得好,却又仍然是很有意义的。而这,不也就正是具体的哲学兴趣吗?

我自知做得很不好,只能表达一点意向,但我想努力去做。我的好些著作粗疏笼统,很可能不久就被各种微观或宏观论著所否定、推翻,但"蜀中无大将,廖化作先锋",在目前这种著作似乎还没有出现的情况下,为什么不可以承乏一时呢?等将来日月出了,爝火也就可以心安理得地自然消失而毫无遗憾。鲁迅早说过这样的话,他自己便是一个光辉的榜样。晚年他宁肯放弃写中国文学史的重要计划,而撰写一些为当时教授、专家极其看不起的"报屁股文章"——杂文。鲁迅也没再创作,而宁肯去搞那吃力不讨好的《死魂灵》翻译。他为了什么?他选择了什么?这深深地感动着我和教育着我。鲁迅不愧是伟大的爱国者和思想家,而绝不只是专门家。

在小时候,母亲就教导我要"取法乎上"。但我做得很差。大量的时间无可奈何地被浪费掉了。我虽尽可能避免转入任何无聊的人事纠纷,但各种纠纷却总要找上门来。也没有办法。这使得我的写作也变得扭曲模糊。有如我在《批判哲学的批判》修订本后记中所说"这些在这本书里都不可能充分展开,只是稍稍提及或一带而过,但即使是一两句话,如能引起注意,在当时我以为便是很有意义的事情"。当然有的也并不只是一两句话，不过总的说来还是相当简略粗疏，"因陋就简"。但有趣的是，拿我的中国近代思想史的研究文章说，五十年代写的那些是比较细致的，例如对谭嗣同"以太"与"仁"的分析、《大同书》年代的辩论等等，1958 年曾将这几篇论文合成《康有为谭嗣同思想研究》一书在上海出版。前两年在海外，才知道香港有此书的翻印本，好些海外学人也对我提及此书。但这本书和这些论文在国内似乎没引起什么注意或反响。相反的是，近几年我那些粗枝大叶讲章太炎、太平天国、革命派、鲁迅的文章却出乎意料地被好些同志特别是青年同志们所关注和欢迎。讲康德的书、讲孔子的文章、《美的历程》也如此。这倒成了自己上述选择的某种鼓励：看来，这方面的工作还是值得和需要去做的。

与这种宏观微观相关，在材料上也有方法选择的问题。例如，是孤本秘籍法还是点石成金法？前者当然很有价值，发现、搜寻前人所未知未见的新材料以作出论证，当然很重要。我自己便非常关心新材料的发现，例如最近王庆成同志从伦敦带回来的关于太平天国的材料便是从来未为人所知而极有价值的，这使我非常兴奋。但是我没有也不可能采取这种方法，我不可能去大量阅读，沙里淘金。我所引用的大都是习见熟知的东西，只是力图作出新的解释而已。又例如，在研究和表述过程中，既可以采取异常清晰的归纳、演绎，条理井然的论议叙述，像冯友兰教授那样；也可以注意或采取非归纳非演绎的直观领悟的描述方式；这两种方法也同样有价值，并无高下之分。我以为，学术作为整体，需要多层次、多角度、多途径、多方法去接近它、处理它、研究它。或宏观或微观、或逻辑或直观、或新材料或新解释……它们并不相互排斥，而毋宁是相互补充相互协同相互渗透的。真理是在整体，而不只在某一个层面，某一种方法、途径或角度上。中国古人早就强调"和而不同"，"声一无听，物一无文"，不要把学术领域搞得太单一化、干巴巴，而应该构成一个多层面多途径多角度多方法的丰富充实的整体。这才接近客观真理。

爱因斯坦的《自述》是很值得读的好文章。其中实际也谈了选择。例如他谈到"物理学也分成了各个领域，其中每一个领域都能吞噬短暂的一生，而且还没能满足对更深邃的知识的渴望"，从而他"学会了识别出那种能导致深邃知识的东西，而把其他许多东西撇开不管，把许多充塞脑袋、并使它偏离主要目标的东西撇开不管"。这不正是选择吗？又如"当我还是一个相当早熟的少年的时候，我就已经深切地意识到，大多数人终生无休止地追逐的那些希望和努力是毫无价值的。而且，我不久就发现了这种追逐的残酷……精心地用伪善和漂亮的字句掩饰着"（均见《爱因斯坦文集》第一卷）。这不也是选择吗？于是，一切的选择归根到底是人生的选择，是对生活价值和人生意义的选择。"吾宁悃悃款款，朴以忠乎？将送往劳来，斯无穷乎？宁诛锄草茅以力耕乎？将游大人以成名乎？……"（《楚辞·卜居》）从屈原到爱因斯坦，古今中外这么多人，每个人都只生活一次，而且都是不可重复和不可逆转的，那么作什么选择呢？人生道路、学术道路将如何走和走向哪里呢？这是要由自己选择和担负责任的啊。

（原载《文史哲》1985年第5期）

李泽厚：智与美的历程

刘彦　丁晨馨

李泽厚以美学名世，对美非常敏感。记者到他家里拜访，穿了一双靴子，他忙不迭赞叹。他家里客厅的墙壁上，挂着冯友兰先生书赠的一副对联，"西学为体中学为用，刚日读史柔日读经"。坐在客厅中的李泽厚，谈笑风生，心地纯净、透明，像年轻人一样活泼。而他对自己所从事的学问和以知识分子自命的使命感的态度，则一如既往地执著。时光仿佛在这个75岁的老人这里停滞了，一下子回到了50年前的1955年。那一年，年仅25岁的李泽厚在《文史哲》上发表了《论康有为的〈大同书〉》，一举成名。此后50年来，举世无双。

记者：您年纪轻轻就名于当世，那时像您这样的年轻学者很少见吧？

李泽厚：我最早发表文章是1955年2月，那时25岁。题目叫《论康有为的〈大同书〉》，发表在1955年2月号《文史哲》上。在那篇文章里面，我对康有为的《大同书》给了非常高的评价。那时一些外国朋友来信，以为我是教授了，其实我还是实习研究员。1980年我到日本去，别人以为我已经80岁了，因为估计在《文史哲》等处发表文章应是四五十岁。

（摘自《中国新闻周刊》记者刘彦、丁晨馨 2005 年 9 月 24 日在中国新闻社"大众流行文化与价值重构"九月论坛上对李泽厚先生的访谈稿。）

《文史哲》与我的学术生涯

郭延礼

山东大学位于美丽的青岛海滨,如诗如画的校园沉浸在浓郁的学术氛围中,令每一个步入山大的学子感到由衷的骄傲和自豪。1955年9月初,我考入青岛山东大学中文系,当时正值山东大学第二个黄金时代的中期,人文荟萃,名流如云。文理各系科均实力雄厚,名扬遐迩;尤以"文史见长",誉满海内外。即以我所在的中文系而论,陆侃如、冯沅君、高亨、萧涤非、黄公渚、殷孟伦、殷焕先、高兰诸教授均学富五车,名扬天下,历史系的杨向奎、童书业等八大教授亦著作等身,卓然大家,副校长吴富恒、马列主义教研室主任吴大琨、外文系的黄嘉德教授等均是国内的一流学者。

这些大师的名字虽然如雷贯耳,但其学术成就学生们并不了解,而展示山东大学人文科学研究水平和教授们学术风采的窗口就是《文史哲》。

《文史哲》创刊于1951年5月,是新中国成立后创刊最早的学术刊物之一,在20世纪50年代,与先后创刊的《新建设》(北京)、《学术月刊》(上海)鼎足而三,在海内外学术界影响很大。我还记得,每期《文史哲》一出版,我们便去阅览室看,为了阅读的方便，有时还到山大书亭去买。这次你出钱，下次我出钱，轮流坐庄，买回来后，大家轮流拜读。我们对《文史哲》上刊发的文章都采取仰视的态度，对其作者更是崇拜有加。我是中文系的学生，对历史系的杨向奎、童书业、赵俪生等先生十分敬重，对其学术也有肤浅的了解，主要原因就是他们经常在《文史哲》上露面。《文史哲》还经常发一些关于重大学术问题探讨性的文章，如古史分期、资本主义萌芽、亚细亚生产方式、《红楼梦》评论、鲁迅研究、古代哲学，《文史哲》上的这类文章，经常也成为大学生们议论的话题。虽然有些问题（如古史分期、亚细亚生产方式），因为专业性、学术性很强，我们这些大学生并不完全理解，却常为某些问题争论得面红耳赤，各不相让。

一

学生时代，我的学习兴趣比较广泛，于古典文学、现当代文学、文艺理论、语言学都非常喜爱。一年级下学期，萧涤非先生为我们年级讲授"中国文学史"中的两汉部分，给我们布置了一次作业，我写了《从〈妇病行〉的标点谈到这首诗的理解问题》，不同意余冠英先生《乐府诗选》中对《妇病行》标点的处理。余先生是著名的古典文学专家、中国科学院文学研究所研究员，我当时年幼无知，初生的牛犊不怕虎，写文章与余先生商榷。萧先生看了我的作业，以为文章有新意，推荐此文参加山东大学1956年"五四"学生科学论文评选，获优秀论文乙等奖；二年级我又写了《论古诗十九首的思想与艺术》,也是经当时的中文系主任萧涤非教授推荐,获得第二届学生优秀科学论文参评资格,评奖工作却因 1957 年夏天的反右斗争而流产。

1958 年,我读大学三年级,此时学术界和教育界已提出"厚今薄古"的口号,在中国文学史教学中,开始重视中国现当代文学史的教学与研究。在这种"厚今薄古"思潮的影响下,我开始关注现当代文学。

早在中学时代,我就读过方志敏烈士(1899—1935)的《可爱的中国》这本书,并给我留下了很深的印象。此时我想以方志敏的《可爱的中国》和《狱中纪实》这两部散文集为研究对象写篇论文。当时正值批判资产阶级学术权威和以大学生为主体的教学改革中,提倡教学要厚今薄古,教学要为"兴无灭资"服务。因此,我的这一设想得到了领导的支持。文章完稿后,现代文学教研室主任刘泮溪先生认为文章写得不错,富有战斗性,有现实教育意义,并提出应将此内容纳入中国现代文学史的教学中,经他和孙昌熙先生(两位均系《文史哲》的编委)推荐,将此文刊发在《文史哲》1958 年第 12 期,题目为《试论〈可爱的中国〉和〈狱中纪实〉》。

这是我发表的第一篇学术论文,又发在《文史哲》这样的高端刊物上,在当时学生中自然影响很大,许多好友(包括外系的同学)都为我祝贺。现在看来,这篇近万字的论文并无什么深刻的见解,只是从文本阅读出发,阐释了方志敏的这两部作品的思想意蕴和艺术特色。在 20 世纪 50 年代强调学术研究为政治服务和评价作品政治第一的语境下,本文注意分析两部散文的文学形象和艺术特色,多少还有些可取之处。其实,这篇处女作,对我来说,更重要的意义，在于它鼓舞了我从事科学研究的勇气和信心，并引导我一步一步地进入学术研究的殿堂。

前面我曾提到，在大学时代，我于文学的爱好比较广泛，求知欲很强，除在课堂上认真听老师的讲授外，我还在课外阅读了大量的书籍，并养成好翻阅专业杂志的习惯，借以了解学术界的动态。学生时代的我，喜欢高谈阔论，勇于发表己见，时常就学术问题和同学争辩，为此也曾引起同班同学善意的嘲讽。在学业上我肯于钻研，能下苦功夫，又善于独立思考，绝不人云亦云。在大学四年级一学年中，我先后发表五六篇文章，其中有《论讽刺文学如何处理人民内部矛盾》（《山东大学学报》1959年第1期）、《关于写真人真事的几个问题》（《群众艺术》1959年第15期）、《评〈迁坟记〉》（《群众艺术》1959年第17期）、《评小说〈激流〉》（《群众艺术》1959年第19期）、《试论〈饿乡纪程〉和〈赤都心史〉》（为纪念瞿秋白就义25周年，稿子压了一年才发，刊于《人文杂志》1960年第3期）；还与青年教师张伯海等人合写了《论曹禺的〈雷雨〉和〈日出〉》（《山东大学学报》1959年第1期）。这些研究虽然与《文史哲》没有直接的关系，但《文史哲》有意识地发现和培养青年人，此前刊登了我这样一个在读大学生的处女作，其精神鼓舞力量却是不可忽视的内在因素。

二

1959年7月，我大学毕业留校任教，为了更好地适应中国近代文学教学的需要,学校派我去复旦大学进修,导师是著名学者赵景深教授。赵先生让我先细读当时已出版的几部《中国文学史》中的近代部分,首先遇到的就是近代文学史的分期。对这个问题,当时各家文学史的处理都不尽一致,且都有不完善之处。为此,我写了《中国近代文学史的分期问题——兼与几部〈中国文学史〉的编者商榷》。我把当时已出版的几部《中国文学史》中有关近代的分期概括为两段分、三段分、四段分三种。"两段分"以陆侃如、冯沅君先生的《中国文学史简编》(作家出版社1957年版)为代表;"三段分"以北京大学中文系1955级学生集体编著的《中国文学史》(人民文学出版社1959年版)为代表;"四段分"以复旦大学1956级学生集体编著的《中国近代文学史稿》(中华书局上海编辑所1960年版)为代表。

关于中国近代文学史的这几种分期,各有长处与不足,我都提出了不同意见,并最后陈述了自己的具体分期。我把中国近代文学史分为如下三期:第一期1840—1873年;第二期:1873—1905年;第三期:1905—1919年。这一分期既不同于北大本,北大本第一期的下限1894年;也不同于复旦《中国近代文学史稿》本,《中国近代文学史稿》本将第三期(1905—1919)以辛亥革命为界又分成前后两段。

这篇文章写于复旦大学,是我进修期间的一篇读书报告,修改于山大。《文史哲》1963年第2期刊发了此文。当时正值游国恩等五教授主编的《中国文学史大纲》和四卷本《中国文学史》相继问世,如何将中国近代文学史科学地划分为几个时段,便引起了文学史家的关注。我的论文所提出的分期标准(历史的标准、文学的标准及其二者的有机结合）和具体分期，在学界也产生了一定的反响。《文史哲》就收到过这方面的讨论文章。由于众所周知的原因，形势愈来愈"左"，"阶级斗争"这根弦愈拉愈紧，正常的学术讨论也就只好暂停了。

这里还有一个小插曲：1963年，全国文艺界开展对"鬼戏"的讨论（实际上是批判），当时主要是集中批判"有鬼无害论"。山东大学中文系古代文学教研室在冯沅君教授的主持下，开展了一次畅所欲言而又有深度的学术讨论。讨论会除按主流话语的要求批判"有鬼无害论"外，在冯先生的启示下，大家还讨论了其他两个重要的问题：一是文艺作品中的"好鬼戏"问题。部分与会者指出，鬼戏的主流是有害的，但也有些鬼戏是艺术表现手法问题。浪漫主义的创作手法需要通过鬼魂来表现。舞台上有些"鬼戏"写阴间的贪赃枉法，虽然写了"鬼"，但它是为了表现人间的社会现实。秦腔中的《扫秦》就是反卖国奸贼的，《乌盆计》这个鬼戏也并不阴森。会上还较为集中地讨论了《窦娥冤》和《牡丹亭》。关汉卿的《窦娥冤》第四折中也曾出现窦娥的鬼魂，汤显祖《牡丹亭》中的杜丽娘，为了梦中情人而一命归阴，大家认为这主要是基于戏剧中浪漫主义艺术手法处理的需要，不能作为"鬼戏"批判。窦娥鬼魂的出现，是她生前斗争的继续，也是剧情艺术表现的需要，假如窦娥的鬼魂不接二连三地出现，那么她的冤就不可能昭雪。二是元、明戏曲中鬼戏的对比问题（兹从略）。在当时"山雨欲来风满楼"的学术氛围下，明确提出"好鬼戏"的问题，这实在是一种与批判"有鬼无害论"直接唱反调的言论和举动。我便是这一论点的主要倡导者之一，并得到冯沅君教授的支持。《文史哲》了解此情况后,希望我把讨论的情况如实地反映出来,并明确指出:学术问题要实事求是,不可盲从,并告诉我不要回避"好鬼戏"的问题。还鼓励我说:"求真理是要有勇气的。"① 由此不难看出《文史哲》坚定的学术立场,这对我至今都是一次深刻的教育。求真求实,是我一贯遵循的治学原则,这之中,《文史哲》对我的启迪和帮助不能不说是重要因素之一。

三

说完这段小插曲,我们再回到近代文学史分期问题上来。党的十一届三中全会之后,随着政治思想战线上的拨乱反正,以及学术界的思想解放,20世纪80年代初,近代文学界又提出了中国近代文学史的分期问题,并展开过多次讨论。从1982年的第一次全国近代文学学术研讨会(开封)正式提出,到1984年第二次全国近代文学学术研讨会(杭州)的激烈论争,再到1985年中山大学专题性的"中国近代文学的特点、性质和分期"研讨会,1986年中国社会科学院文学研究所在北京现代文学馆又召开了"近、现、当代文学分期问题"讨论会,讨论步步深入。虽经四次专门的研讨,但意见仍不统一,自然这其中也涉及我的三段分期。这四次全国性的讨论会我无一缺席,并写了《中国近代文学史的起讫年代》(载《中国近代文学研究》第2期)、《"五四"这块文学界碑不容忽视——三论中国

---

① 郭延礼:《山东大学中文系座谈"鬼戏"并举行报告会》,《文史哲》1963年第6期。

近代文学史的分期问题》(《东岳论丛》1986年第6期)重申了我的观点。20世纪90年代初,我的三卷本《中国近代文学发展史》就是依据我的三段分结构分为三卷。第一卷:资产阶级启蒙时期的文学(1840—1873),第二卷:资产阶级维新时期的文学(1873—1905);第三卷:资产阶级民主革命时期的文学。至此,我的三段分,也成为国内近代文学史分期中较有影响的一派。

说到拙著三卷本《中国近代文学发展史》,又是《文史哲》最早给予鼓励和支持。此书是山东省"七五"社会科学规划项目,在该书尚未出版之前(第一卷1990年出版,第二卷1991年出版,第三卷1993年出版),《文史哲》便于1989年第3期刊登了我的《中国近代文学发展史·自序》,它不仅及时地宣传与介绍了这部三卷本的断代文学史专著,而且对于这部《中国近代文学发展史》的出版亦有一定的促进作用。这都可以看出《文史哲》编者一贯支持"小人物"和推动学术发展的胆识。《中国近代文学发展史·自序》,虽是一篇不足5000字的短文,但其中有我为什么写作这部书的总体思考,以及若干预设。在《中国近代文学发展史·自序》中我提出了四点设想,既是本书的学术目标,也是个人努力的方向。一是写中国近代文学史应在中华民族广阔的历史文化背景下描述我国各兄弟民族近代文学的发展风貌和创作成就,建立一种新的多民族的文学史观,打破过去出版的《中国文学史》多系汉族文学史的传统格局。二是写中国近代文学史应放开眼界,从中西文化交流融合的大背景下审视近代文学活动,剖析中国近代文学在吸取、融会西方文化以及创新方面的成就和弱点。三是以恩格斯所提出的历史的、美学的批评标准,重新审视中国近代文学的成就和历史地位,特别是对在中国近代文学史上有较大影响的流派,或过去被文学史家忽视而在文学上又确有成就的作家,以及所谓"禁区"均应重新给予评价。第四,写文学史要有比较的眼光。恩格斯说:"任何一个人在文学上的评价都不是由他自己决定的,而只是从整体的比较当中决定的。"① 因此评论一位作家,论述其创作意义和审美价值,确定其在文学史上的地位,不能以自己的主观好恶孤立地去评论,而必须通过所谓"前后左右"的比较,及诸多方位的观照,其评价才会相对准确一点。《中国近代文学发展史·自序》刊出后,《中国近代文学发展史》三卷陆续出版,在学界产生了较大的反响,有海内外十余家报刊刊发了对此书的评论。第一卷刚出版,日本《清末小说》年刊总第14期,以"中国近代文学史研究的新突破"为题发表评论指出:"《发展史》是一部高水平的学术专著,是中国近代文学研究中一项新的突破。它填补了中国多民族近代文学史方面的一项空白,特别令海内外学人们感到高兴。"② 《中国文学史学史》的著者称:"就全书评述范围的广度和论述的详尽而言,确实远远超过了此前以及同时的同类著作。在这一方面,可以视为这一时期近代文学史编撰成就的代表作。"③ 著名中国近代文学史研究专家、北京大学季镇淮教授评此著云:这部大著"是近代文学开展研究以来所未有,使学人为之惊喜不已。郭延礼同志有许多专门研究,此

---

① 恩格斯:《评亚历山大·荣克的〈德国现代文学讲义〉》,《马克思恩格斯选集》第2卷,人民出版社1972年版,第231页。
② 〔日〕公冶文雄:《评郭延礼著〈中国近代文学发展史〉第一卷——中国近代文学史研究的新突破》,《清末小说》1993年总第14期。
③ 董乃斌、陈伯海、刘扬忠主编:《中国文学史学史》第2卷,河北人民出版社2003年版,第255页。

大著之完成是有基础的，它将引导近代文学研究走向更加完善的科学的道路"①。

此书出版后，受到学术界的广泛关注，先后有《文学评论》、日本《清末小说》等国内外十余家报刊发表评论，指出该书是一部高水平的"拓荒之作"。研究比较文学的著名学者、北京师范大学王向远教授在其《中国比较文学百年史》中指出："郭延礼是中国近代文学的著名专家，其三卷本《中国近代文学发展史》是我国分量最重、影响最大的近代文学史。他以近代文学史家的身份研究作为近代文学之组成部分的中国近代翻译史，是有着明显的学术优势的。与古代文学和现代文学的研究比较而言，中国近代文学的研究是个薄弱环节，尤其是当时书刊出版杂多，资料大都处于缺乏整理的散乱状态。可以说，在中国文学史及中国翻译文学史研究中，近代翻译文学这一段的研究在资料的收集、辨析、考证上最为困难。除了日本学者樽本照雄在这方面作了卓有成效的资料整理外，郭延礼教授在资料的积累方面是得天独厚的，这是他的《中国近代翻译文学概论》成功的基础。"②

《中国近代文学发展史》曾获全国首届高等学校人文社会科学优秀成果一等奖、山东省社会科学优秀成果一等奖、第二届国家图书奖、第八届中国图书奖、全国第三届优秀教育图书一等奖等九项奖励。《文史哲》也发表了季桂起教授的《评郭延礼的〈中国近代文学发展史〉》(《文史哲》1995 年第 1 期)，这又从另一侧面有力地验证了《文史哲》编者的先见之明。

---

① 1990 年 10 月 6 日季镇淮先生写给中国近代文学第五次学术讨论会的信。
② 王向远：《中国比较文学百年史》，宁夏人民出版社 2007 年版。

四

1994年,我调回母校山东大学任教,并给本科生、研究生讲授中国近代翻译文学,在此基础上,我开始构思《中国近代翻译文学概论》,《文史哲》闻讯后又及时地将其中一章《中国近代文学翻译理论初探》(载《文史哲》1996年第2期)发表以示支持。此书出版后,受到学术界的广泛关注,先后有《文学评论》、日本《清末小说》等国内外十余家报刊发表评论,指出该书是一部高水平的"拓荒之作"。研究比较文学的著名学者、北京师范大学王向远教授在其《中国比较文学百年史》中指出:"郭延礼是中国近代文学的著名专家,其三卷本《中国近代文学史》是我国分量最重、影响最大的近代文学史。他以近代文学史家的身份研究作为近代文学之组成部分的中国近代翻译史,是有着明显的学术优势的。与古代文学和现代文学的研究比较而言,中国近代文学的研究是个薄弱环节,尤其是当时书刊出版杂多,资料大都处于缺乏整理的散乱状态。可以说,在中国文学史及中国翻译文学史研究中,近代翻译文学这一段的研究在资料的收集、辨析、考证上最为困难。除了日本学者樽本照雄在这方面做了卓有成效的资料整理外,郭延礼教授在资料的积累方面是得天独厚的,这是他的《中国近代翻译文学概论》成功的基础。"[①] 此后,每有关于近代文学研究中的一些重要成果,我都首先寄给《文史哲》审查指正。几年来先后在《文史哲》上发表的文章有《对近代小说的新认识》(载《文史哲》1998年第2

[①] 王向远:《中国比较文学百年史》,宁夏人民出版社2007年版,第377页。

期)、《戊戌知识分子的历史使命》(载《文史哲》1998年第6期)、《诗界革命的起点、发展和评价》(载《文史哲》2000年第2期)、《近代外国文学译介中的民族情结》(载《文史哲》2002年第2期)、《黄遵宪的"民歌情结"及其与诗歌创作的关系》(载《文史哲》2006年第2期)、《黄遵宪新派诗的评价问题》(载《文史哲》2007年第5期)。这些文章发表后在学界都产生了一定反响,有的被中国人民大学复印报刊资料全文转载,有的被收入专题论文集。

近几年,我致力于研究近代女性文学,重点是梳理20世纪第一个二十年(1900—1919)的中国女性文学。在查找与爬梳资料时,我逐渐发现,20世纪初,不仅有女性小说、女性政论、女性翻译文学作品的出现,而且还存在着若干女性作家群体。2007年5月,应复旦大学中国古代文学研究中心的邀请,在一次演讲中我首次提出20世纪第一个二十年中国女性文学四大作家群体:即女性小说家群、女性文学翻译家群、女性政论文学家群、南社女性作家群。"20世纪初中国女性文学的四大作家群体",这是一个新的文学史概念,过去还没有人提出并论述过。此后,我又通过进一步收集、梳理这一时段的女性文学文本,对这一新的文学史概念更加确信,于是我在占有充分资料的基础上,写了《20世纪初中国女性文学四大作家群体考辨》一文送《文史哲》审查,得到主编王学典教授和诸位编辑的支持,文章在2009年第4期发表,将这一研究成果推向社会,旨在求得学界同仁的批评与修正。我的部分学术成果之所以能较快地取得学界的关注和认同,并产生了一定影响,我认为与《文史哲》的提携与支持是分不开的。从我个人治学的经历以及从学生时代与《文史哲》建立的友好关系来看,一个刊物对于学界若干新人的成长是有很大的促进意义的。以繁荣学术、推动教学科研、培养和发现人才为办刊宗旨的《文史哲》，在这方面，其作用显得更为突出。最后，我真诚地感谢《文史哲》几十年来给予我的帮助和支持。在《文史哲》创刊六十周年之际，我衷心祝愿《文史哲》繁荣昌盛，一如既往地支持与引领中国学术的发展。

（原载《文史哲》2011年第1期）

《文史哲》为何受到特别关注？

路遥口述　胡孝忠整理

我长期以来有个疑问：即毛泽东为何特别关注《文史哲》？我记不清在20世纪50年代的哪一年，我与杨向奎主任都住在文学馆的一个相连的狭小房间里。有一天，他急急忙忙地告诉我："北京来电话要我们寄50本《文史哲》去，准备郭沫若赴日考察时随身带去。这是应日本方面要求提出来的。"杨还补充说："这是《文史哲》受到中国最高领导者关注所致，且《文史哲》上所发表的中国古史分期等论文一定引起了日本学术界的关注。"我也同意他的看法。他之所以同我谈此事，是有让我具体操办此事的意图。我当时兼任山东大学历史系秘书，家属仍未来青岛，杨因领导工作忙，所以我和他都住在与文学馆办公楼相连的单间，所以他叫我办此事。不久《文史哲》来了一个专职秘书，我就不管此事了。《文史哲》在当时也甚受老教授的欢迎，北京大学季羡林教授曾于1997年10月为《文史哲》题词曰："全国有关人文社科学的杂志为数极多，但真正享有盛誉者，颇不多见。山大《文史哲》系其中之一，在上面发表一篇文章，顿有一登龙门之感！……"21世纪初，《文史哲》创刊50周年，山东大学大力宣扬这个业绩。

2005年12月，当时还是山东大学文学与新闻传播学院院长的陈炎教授，听说我藏有一套完整的《文史哲》刊物，他的一个博士生要撰写一篇关于《文史哲》之创刊及其成长情况的论文，特来敝舍询问有关该杂志创刊初期的情况。在言谈中，他流露出一个疑问："新中国成立初期所刊文章有的并非学术性，为什么会有那么大的影响？"我认为这当然主要是毛泽东看重的缘故。但我自己也无法圆满解释这个问题。即《文史哲》在新中国成立初期那几年不断地刊载各位教授披露自我思想改造和一些政治性的文章，总觉得这类文章同学术性不大协调。为什么毛泽东会关注它呢？我觉得不单是"李希凡"的原因，直到最近读了李锐在《炎黄春秋》2008年第7期发表的《毛泽东与反右派斗争》一文后，才茅塞顿开。该文谈道："1919年毛泽东在北大图书馆当管理员时，月薪八元，属工人工资，曾受到当年的教授、学生冷遇，故对他们很敌视。"李锐此文还提到1936年毛泽东同斯诺谈话中反映过这种心情："我的职位低微，人家都不理我。"毛泽东于1926年写的《中国社会各阶级的分析》原文中，就有将知识分子看作反革命或半反革命的论述。但收入《毛泽东选集》时已作过大量删改，面目全非了。1950年6月，毛泽东在中共七届三中全会的发言指出："知识分子中的一个相当多数，与国民党、蒋介石反动政权有着千丝万缕的联系。他们崇洋媚外、媚美，与我们格格不入，必须进行思想改造。"李文还提到："同批判《武训传》类似的，借山东大学李希凡、蓝翎《关于〈红楼梦简论〉及其他》一文的发表，又发动了对红学家俞平伯等人'胡适资产阶级唯心主义的批判运动'，也伤害了一批知识分子。"众所周知，毛泽东对他当年工作过的北京大学特别关注，后来"反右",整知识分子,当与此不无关系。李锐的看法大体上符合实情,《文史哲》曾把资产阶级知识分子思想改造作为一个办刊方针提出,是否暗合了毛之所好?我想作此分析,大概不算过分吧!

毛泽东对山东大学的关注,还表现在他对高亨老教授的敬重上。在1964年以前,不知高老受谁的暗示,将其著作《诸子新笺》、《周易古经今注》等6种连同一信寄请当时中宣部副部长周扬转呈毛泽东主席。毛泽东拜读他的大作后给他回信:"寄书寄词,还有两信,均已收到,极为感谢。高文典册,我很爱读。肃此。敬颂安吉! 毛泽东1964年3月18日。"毛泽东亲笔题写的"山东大学"校名便出自这封信的信封上。高亨当时若不是受学术界重量级人物启示,是不敢毛遂自荐的,因为他在政治方面曾于1946年担任了东北戡乱委员,解放后为此而遭到名校拒绝聘请。山大中文系还有一位年轻的教授——中文系主任吕荧,因研究苏俄文学而闻名。1955年批判"胡风反革命集团"时,毛泽东在《人民日报》上以"编者按"的名义点出:"还有一个反革命分子吕荧……"此时吕荧已离开山大,可以设想他在京是遭受怎样的凄惨政治待遇。后来,毕业于山大历史系的孙达人,因撰文批评"让步政策"却受到毛的青睐。这都可视为毛泽东对山大关注的例证。

(原载《山东大学报》2009年6月24日周末版)

文科学报之王

——《文史哲》45年风雨历程

李平生　赵爱国

新中国第一家文科学报

1954年10月16日，毛泽东主席给中共中央政治局的同志和其他同志写了一封《关于红楼梦研究的信》，对山东大学中文系毕业生李希凡、蓝翎发表在《文史哲》上的文章《关于〈红楼梦简论〉及其他》予以表扬。这封信的发表立即震撼了学术界乃至政治理论界，引发了全国规模的讨论，《文史哲》也引起了社会各界的瞩目。实际上，熟悉新中国学术发展史的人们都知道，在此之前，《文史哲》就以新中国文科学报第一家的身份享誉学术界，在人文学科的百花园中结出了累累硕果。

事情还须从《文史哲》创刊说起。

1951年，老解放区的华东大学迁到海滨城市青岛，与开办了半个世纪的山东大学合并，组成新的山东大学，下设五院十八系，历史语言文学和物理海洋两个研究所，规模之大，人员之多，实力之强都是空前的。针对自身"文史见长"的优势，山东大学的领导和文学院及历史语言文学研究所的教师们都感到很有必要开辟一块学术园地，以推动学术繁荣。

说到《文史哲》的创刊，不能不谈到既是职业革命家，又是历史学家、哲学家和教育家的华岗同志。华岗同志 1925 年加入中国共产党，解放前，曾先后担任共青团江苏省委书记、中共中央组织局宣传部部长、中共满洲特委书记。抗战爆发后任《新华日报》总编辑，新中国成立前夕，他奉党中央之召，搭船从香港赴北平，途中遭敌机轰炸，在青岛登陆，随即被任命为山东大学校长兼党委书记。华岗同志非常重视学术发展，1951 年初春的一个夜晚，他邀请著名学者罗竹风、陆侃如、杨向奎、孙思白等在家中商讨创办学术刊物问题，后来分别征求了王统照、童书业、冯沅君、萧涤非、赵俪生、王仲荦、刘泮溪、孙昌熙等人的意见，学校领导及有关教师又开会进行了热烈讨论，将办刊宗旨确定为"繁荣学术，培养人才，发现人才"。推举华岗为杂志社社长，副校长陆侃如教授和文学院院长吴富恒教授为副社长，杨向奎教授为主编，并将刊物取名《文史哲》，体现了当时山大"文史见长"，注重理论的特色。

1951 年 5 月 1 日，《文史哲》创刊号伴随着淡淡的墨香，呈现在读者面前。这是新中国第一家文科学报，她的出现，揭开了新中国学报发展史的序幕。《文史哲》与当时北京的《新建设》、上海的《学术月刊》鼎足而立，共执学术界文科理论刊物之牛耳，推动了新中国社会科学事业的发展。

起伏跌宕的风雨历程

自古创业多艰难。《文史哲》最初没有专职工作人员，先是由文、史两系教师兼任编辑,由两位工人兼管后勤。编辑们在简陋的条件下忘我地工作。但第一期出版后,问题也接踵而至,首先,由于条件不具备,邮局、新华书店都不予发行。他们只好采取原始的办法,给全国各高校的朋友们寄去,请他们代销,但书生卖刊毕竟不是办法,许多人出于学术友情,便自掏腰包,悉数买下,送给知音。后来经过卢振华、殷焕先教授等的多方努力,发行问题终告解决。其次是经费的问题。《文史哲》创刊之初并无启动经费,学校只能从科研经费中给予菲薄资助,但远不敷用,编委们不仅不要任何报酬,还从个人并不宽裕的薪金中拿出部分作为印刷费和支付校外作者的稿酬,而校内作者则分文不取。尽管如此,仍是杯水车薪,创刊仅几个月,《文史哲》便面临着停刊的危险。最困难的时候,1952年中共山东省委统战部和青岛市委拨出2000元,使《文史哲》得以渡过经济难关。

在党和政府的关怀下,在全体同仁的努力下,《文史哲》逐步成熟起来。1951年秋,陈毅元帅曾盛赞《文史哲》的创刊,并要求其他高校效仿,从1953年开始,《文史哲》逐步打开了销路,到1956年有了上万元的盈余。1954年,每期印数达1.3万册以上。1955年达2.7万多册。1973年,《文史哲》在中国刊物发行史上演出了令人难忘的一幕,当时全国各地邮局订数达70余万册,但由于全国各地都忙于"革命",出版用纸供应不足,结果只能限量发行,维持在24万册左右,大批读者驻足兴叹,甚至有的地区读者订阅《文史哲》还需要介绍信。

然而,《文史哲》的发展并不是一帆风顺的,1955年秋,一场突如其来的反"胡风反革命集团"运动和"肃反运动",使华岗校长蒙受不白之冤,遭到长达17年的关押直至含冤逝去,《文史哲》一些编委也受到审查。刊物自身也受到影响,订数迅速下降三分之一以上。到1958年,《文史哲》被迫宣布停刊。

1961年,在中共山东省委的直接关怀下,停刊两年多的《文史哲》复刊。复刊后的《文史哲》由山东大学、山东师范学院、曲阜师范学院、省委党校等共同举办,发行量约1.5万册。就在《文史哲》尚未完全恢复元气的时候,一场更大的政治风暴席卷而来。1966年,标志着"文化大革命"正式开端的"5·16"通知发表半个月后,《文史哲》第二次宣布停刊。这一停就是七年。

1973年11月5日,《文史哲》第二次复刊,在当时特定的政治环境下,所发表的大多是所谓配合运动的"大批判文章",这是一个时代的悲剧,当时任何一家社会科学刊物都无一幸免。但《文史哲》在学术上所取得的成绩依然是众口称誉的。

当历史终于翻开了新的一页,科学的春天到来的时候,学术界一致给予《文史哲》很高的评价。

名人辈出《文史哲》

《文史哲》坚持为社会主义事业服务,为发展学术服务的方向。刊登在创刊号上具有发刊词性质的社论《〈实践论〉——思想方法的最高准则》,高度评价了毛泽东《实践论》的理论价值和实践意义,显示了编者敏锐的政治眼光和较高的马列主义理论水平。在以后的编辑过程中,宣传研究马列主义、毛泽东思想以及从理论上阐释党的路线、方针、政策的稿子占相当大数量,收到了很好的效果。

质量是学术刊物的生命。《文史哲》一直以刊载高水平的学术文章饮誉学界。如华岗的政治理论方面的文章有很高的理论水平,前35期上,他大约发表40篇文章,对带动学术研究起到了积极作用。《文史哲》还发表了当时校内著名学者陆侃如、冯沅君、杨向奎、郑鹤声、张维华、赵俪生、吴大琨等人的许多文章,对推进入文科学各个领域的发展同样有促进作用。同时,《文史哲》还特别注重校外名家对刊物的支持,如王亚南、吕振羽、顾颉刚、罗尔纲、齐思和、阴法鲁、任继愈、赵纪彬等都曾将自己的得意之作交《文史哲》发表,这些成就一代学术的大师级人物,给《文史哲》增添了光彩。《文史哲》今天仍继承了这样的传统。

《文史哲》非常重视学术争鸣,从创刊之初就很注重不同观点文章的发表,以期引起争论,繁荣学术。先后组织了对资产阶级哲学思想和学术思想的批判,中国古代史分期问题,思想史和哲学史,土地制度和农民战争,资本主义萌芽,《红楼梦》研究等许多重大学术理论问题的讨论。鼓励自由探讨,学术争鸣,相互商榷。对形成良好的学风作出了贡献。

发现人才、培养人才是《文史哲》创刊时就确定的一项原则。华岗同志曾说过,对待青年人的文章,不要求全责备,只要文章有一得之见,就要给予热情帮助和扶持,"尽量使每一期刊物上出现一个新作者"。在《文史哲》的扶持下,一批青年学者脱颖而出,除了李希凡、蓝翎,还有史学理论家葛懋春,美学家李泽厚,史学家庞朴、汤志钧等等,他们成长的足迹伴随着《文史哲》的历程。

当时在《文史哲》上发表文章的许多青年人现在都成了著名学者。

《文史哲》严谨认真的编辑作风也一直为大家称道。历史学家童书业为刊物撰稿、编稿，有一次竟连续工作132个小时。著名学者蔡尚思先生称赞《文史哲》时说："凡刊物发表的文章，从内容到文字，直至每一个注释、出处都认真校勘，力求把错误减少到最低限度。这种一丝不苟的精神，不仅造福了当今读者，它也是对祖国文化和子孙后代具有高度责任感的一种表现。"这种优秀的编辑作风仍然为《文史哲》新一代的编辑们所继承光大。

正是具备了上述的办刊特色和优良传统，《文史哲》在众多学术刊物中获得了巨大的成功。在50年代和60年代初，被学术界誉为"文科学报之王"。

荣誉和成绩只代表过去，当改革开放的春风吹拂大地，学术界又迎来了美好春天的时候，《文史哲》的编辑们愈加感到肩头担子的沉重，为了神圣的使命，必须勇敢地面对新时期的挑战。

80%以上的文章被转载摘登

市场经济的发展，为学术刊物提供了更加广阔的天地，但由于种种因素的影响，像《文史哲》这样的学术刊物也面临着许多新的挑战。

挑战之一，原来格局被打破。学术刊物迅速膨胀，仅山东省期刊数就由80年代初的几十种，发展到550余种，优秀的稿源分流，刊物间的竞争日益激烈。

挑战之二，学术刊物经费严重不足。由于学术刊物是一种特殊的文化商品，本质上是计划经济的产物，在经济大潮袭来时，难免受到冲击。据统计，全国文科学报每家平均年经费不足 5 万元，缺口很大。

挑战之三，学术刊物订户数量萎缩。这些年来，商业气息浓重，人们的心态有所变化，醉心学术的读者减少。还有一个原因，学术刊物的读者多为教学、科研单位及个人，他们本身的经费也很紧张。

挑战之四，学术刊物稿酬太低。虽然专家学者不会专为稿酬而写作，但过低的稿酬与某些通俗刊物"千字千元"、"千字数百元"相比，价值与价格严重背离，也影响了学术刊物的发展。

面对严峻的挑战，《文史哲》的全体人员积极努力，想方设法采取了一系列的措施。经费上积极争取学校拨款，发行上采取措施使订数一直保持在 2 万份左右，稳居全国文科学报之首，并且对外发行到 30 多个国家和地区。

同时他们还深挖内部潜力，进一步贴近社会、贴近生活，更好地为社会主义两个文明服务。先后增设了"改革开放与市场经济"、"社会发展理论与现代化"、"国家与社会关系"等许多栏目。在比较困难的条件下，经过努力，《文史哲》仍取得令人瞩目的成绩：据统计，历年所发文章被《新华文摘》、《文摘报》、《高校文科学报文摘》、《中国人民大学复印报刊资料》等转载、摘登的平均占 80% 以上，位居全国同类学报前列。囊括 1988 年山东省理论刊物评奖以来的所有第一名，1993 年获华东优秀期刊一等奖，再现了创刊初期那种令人信服的大家风范。

面对 21 世纪日渐逼近的脚步,现任主编韩凌轩教授表示:《文史哲》要用一流的质量,严谨的学风,超前的意识,有序的管理,去迎接新世纪的到来。我们相信,《文史哲》在新的世纪里,必将再创辉煌。

(原载《齐鲁晚报》1997 年 1 月 5 日)

《文史哲》：学术期刊的"常青树"

宋安明

在近五十年的办刊历程中，《文史哲》一直保持了学术期刊的青春活力，连年发表高质量、高水平、有新意的力作，致使其发行量居于全国社科期刊的前列，多年来一直保持较高的转载率，获得首届全国百种重点社科期刊奖、首届全国"双十佳"社科学报奖、第二届全国百种重点社科期刊暨首届国家期刊奖，堪称学术期刊的"常青树"。

学术期刊难办，这是一种共识，而该刊能保持学术生命旺盛，活力常在，应该说是一个奇迹。本报记者前往山东济南采访了《文史哲》现任主编蔡德贵教授，探寻这棵"常青树"成功的内涵。

阵地意识：学术期刊正确政治方向的基石

《文史哲》在创刊时就明确提出了以马克思主义为指导，把马克思主义作为一门科学加以研究、探讨和宣传，于是，把学术期刊办成研究和宣传马列主义、毛泽东思想、邓小平理论的坚强阵地，时刻强化这种阵地意识,在大是大非问题上坚持正确的政治方向,成为《文史哲》编辑部始终恪守的准则,阵地意识也成为该刊学术高质量的动力源泉所在。

20世纪50年代,该刊开展了亚细亚生产方式讨论,加深和拓宽了马克思主义对这类问题的探讨;70年代末开展的实践是检验真理标准的讨论,对促进思想解放和改革局面的形成,发挥了一定的理论先导作用;90年代初在纪念毛泽东百年诞辰时集中刊发了研究毛泽东的哲学、伦理学、改革观等文章,以及近年来发表的系列研究邓小平理论的文章,对加深马列主义、毛泽东思想、邓小平理论发挥了积极的作用,使该刊成为学习、研究和宣传马列主义的阵地。

编辑学者化:学术高品位的保证

《文史哲》创办的初衷是刊登用新观念学习和研究文、史、哲的人文学科理论文章,以此来提高教师的理论和学术水平,并推动文、史、哲的教学和科研工作。办刊者志同道合,推举山东大学校长华岗任杂志社社长,陆侃如、吴富恒为副社长,杨向奎为主编,童书业、吴大琨、孙思白、孙昌熙等为编委,形成了突出学术品位的共识。由于办刊方向明确,编辑部学者专家济济一堂,《文史哲》迅速得到周谷城、黄药眠、周汝昌、任继愈等知名专家的踊跃赐稿和鼎力支持,近几年来学界泰斗季羡林、张岱年加盟《文史哲》作者队伍,学术品位保持了高水准。

《文史哲》主编一直由学者担任,都是某一学科的专家学者。学者严谨的治学风格和求实精神使杂志牢牢把住学术质量关。多年来,《文史哲》紧紧抓住巩固和提高刊物的学术质量这一根本问题,不断扩大影响。为确保学术质量,编辑部严格审稿制度,杜绝各种各样的关系稿,使政治方向不明确和学术水平偏低的稿件不能滥竽充数;有计划地瞄准国内名学者,每期都能保证刊发一两篇名人名作;有计划地组织专栏发表力作,由于专栏开设及时,所刊文章有深度,颇受读者的赞誉。

季老曾这样评价《文史哲》:"山大《文史哲》为蜚声海内外的高层次的学术刊物,仰慕已久,其中文章颇读过不少。在上面发表一篇文章,顿有一登龙门之感。"《文史哲》近半个世纪的探索真正体现了"严肃严谨,求真求是,繁荣学术"的办刊宗旨。

扶植新人:学术期刊保持活力的关键

在创刊至今的近五十年时间里,《文史哲》自始至终注重对青年学生和"小人物"的扶植和培养,这种礼贤下士的做法使该刊保持住了旺盛的创新劲头。

创刊的当年,山东大学文科的学生就注意到该刊偏爱新人。当时的中文系主任是国内知名文学评论家和文学翻译家吕荧先生,他就曾推荐一年级文艺课代表李希凡习作《典型人物的创造》,发表在1951年第4期的《文史哲》上,这是该刊最早发表的新人文章。此后李希凡走上了研究中国古典文学的道路。

该刊曾明确提出一个编辑原则：尽量使每期杂志都出现一个新作者，并让年轻编辑与新人联系。汝信的《车尔尼雪夫斯基的社会政治观点》、李泽厚的第一篇学术论文《论康有为的〈大同书〉》都是在《文史哲》首发的。加上该刊始终重视学术争鸣，形成一种自由探讨学术争鸣的良好风气，既开阔了思路，又为年轻学者展示才华提供了广阔的舞台。

进入新时期以来，该刊继续发扬扶植新人的传统，发表了不少青年学者的新作，如包心鉴的关于政治学研究的文章，杨国荣的关于中国传统文化研究的文章，都得以在该刊发表。由于年轻人思想敏锐，能抓住热点和焦点，因而转载率很高，《新华文稿》等国内知名文摘类期刊转载了该刊众多学术论文。

（原载《新闻出版报》2000年7月17日）

附录一

政治与学术的互动
——20 世纪 50 年代的《文史哲》

蒋海升

20 世纪中叶的中国，伴随着一场社会革命的胜利，马克思主义从异端走向正统，从边缘走向中心。在新旧兴替之际，《文史哲》积极参与了意识形态转换的过程，以其独特的风貌雄踞于 50 年代的学坛。它以重视学术质量，提倡百家争鸣，奖掖青年学者等显著特点，在国内外读者中享有较高声誉。如果把 50 年代的《文史哲》放在整个 20 世纪中国学术史来看，它可能包含了更多的研究价值：较之同期的其他学术类刊物，它更为清晰地凸显了学术在意识形态转换过程中所处的位置，折射了当代学术的坎坷变迁，给我们观察政治与学术的互动关系提供了一个有代表性的具体案例。

一

加快确立马克思主义的主导地位，为新社会制度合理性提供有力的理论论证与精神支持的意识形态，是新政权面临的重要任务之一，这需要确立新意识形态和铲除旧意识形态双管齐下。1950年代的《文史哲》顺应时局需求，以学术研究的身份介入意识形态建立过程，立破兼行并举，成为在学术界推动观念转变和话语转换的排头兵。

《文史哲》在正面传播新意识形态方面走在了学术界的前列。这种传播以登载大量宣传、阐述马克思主义的文章为主，其中最具规模的是对辩证唯物论与历史唯物论的解说文章。《文史哲》连载了华岗在本校"辩证唯物论与历史唯物论"学习会上的一系列报告，这些文章系统地阐述了马克思主义哲学的基本原理，在校内形成了强有力的舆论力量，掀起了学习热潮。在阐述马克思学说基本观点的同时，《文史哲》还译载了不少马克思主义经典作家的文献，推动了学术界对马克思主义的了解，激发了有关问题的讨论。

学习与宣传毛泽东思想是《文史哲》传播马克思主义的重中之重。《实践论》是毛泽东哲学思想的代表作之一，它于1950年12月29日在《人民日报》上重新发表，随即在全国范围内掀起学习热潮。《文史哲》创刊时的前两期的首篇、次篇都是解说《实践论》的文章，其中以编委会社评的形式发表的创刊号首篇赞誉《实践论》是"思想方法的最高准则"，充分表现了《文史哲》对《实践论》的重视程度，对毛著的积极态度。《文史哲》还深入到毛泽东思想的各个层面展开论述，使毛泽东的观点成为学术研究的支配性观点。

《文史哲》对新意识形态基本观点的正面传播，推动了学人乃至广大民众对唯物史观、唯物辩证法等观点的普及，在一定范围内促进了思想方法的改善、思维水平的提高,但同时也不可避免地出现了把学术变成宣传工具的倾向。

《文史哲》在积极向学术界输送马克思主义的同时,通过批判武训、批判自我、批判俞平伯、批判胡适等几个相互起承转合的环节一步步展开了对被称作"资产阶级唯心主义思想"的旧学术的清算,进一步巩固了新意识形态的权威地位。

《文史哲》对武训的批判是其在50年代一系列学术批判的开端。对武训的批判是新中国成立后直接涉及学术界的第一场批判,在对武训的批判"一边倒"的形势下,问世不久的《文史哲》发表了两篇文章。第一篇文章回顾了"武训兴学当时,山东人民武装反抗统治者的运动实际情况",从而证实了武训完全"有充分的机会去参加人民的大起义"而不去,为毛泽东对武训的定性提供了史实证据。后一篇文章是学习《武训历史调查记》的心得。《文史哲》就武训问题发表的文章虽然数量不多,却以具体的历史事件、具体的历史人物旁证了学术研究是"阶级斗争的武器",成为其清算旧意识形态的起点。

对武训的批判拉开了知识分子思想改造运动的序幕,在这场大规模的"洗澡"运动中,《文史哲》成为学人进行自我清算的重要场所之一。华岗在1952年1月出版的《文史哲》上发表了《目前形势、思想改造和学制改革》一文,吹响了这场运动的号角。在随后的一期上又发表《清算教育工作者中的资产阶级思想》一文,推动这场运动进一步深入。在这场批判运动中,以胡适为代表的"资产阶级学术思想"和传统学人在劫难逃,有的文章直接在标题上点了胡适的名,受到胡适影响的"资产阶级学术观点"也遭到狙击。

在强大的压力之下，受到过胡适启发的"古史辨派"的两员健将此时也不得不反戈相向。这场运动到 1952 年第 4 期达到高潮，华岗在这一期上发表了两篇文章，实际是对清算旧意识形态的再动员。紧随其后的是学人的八篇检讨，作者们为了过关，自己给自己戴上了许多帽子，对自己的思想、家庭、师承、经历进行了一番态度"诚恳"的鞭挞。在学习和使用意识形态的话语来进行观念改造的同时，表述新观念的意识形态话语逐步消解了原有的学术话语，原有的学统遭到了前所未有的荡涤。

《文史哲》进行的思想改造到 1952 年第 5 期基本告一段落，对旧学术的改造意图埋下了该刊后来率先批判俞平伯"红学"研究的伏笔。《文史哲》对俞平伯的批判在 20 世纪中国学术史上打响了用唯物史观来研究《红楼梦》的第一枪，成为一场全面清算旧学术的导火线，在政治史上也成为撰写者不可绕过的一页。《文史哲》1954 年第 9 期发表了本校毕业生李希凡、蓝翎的《关于〈红楼梦简论〉及其他》，该文将马克思主义的观点引进"红学"领域，以初生牛犊不怕虎的勇气对俞平伯的"红学"观点与研究方法提出了异议。这篇文章被毛泽东称为"三十多年以来向所谓《红楼梦》研究权威作家的错误观点的第一次认真的开火"[①]。一石激起千层浪，毛泽东关于《红楼梦》研究问题的信启动了一场大规模的全国性《红楼梦》大讨论，毛泽东在严厉的措辞中流露出对《文史哲》发表该文的赞许，《文史哲》遂名声大噪，进入它的鼎盛时代。《文史哲》一开始也许并没有预料到会产生这么大的反响，发表李、蓝

---

① 毛泽东:《毛泽东选集》第 5 卷，人民出版社 1977 年版，第 134 页。

的文章只是它为清算旧意识形态而作出的系列努力之一而已,但是,"机遇只垂青有准备的头脑",这种努力恰恰与当时权力中枢迫切推进新意识形态建立的需要相吻合,因而获得殊荣并非偶然。换言之,这是《文史哲》情理之中的回报。就现在来看,李希凡、蓝翎的文章确实染有一定的意识形态色彩,但从学术演绎的脉络看,相对于过去从考据学的层面上对《红楼梦》的诠释,它是第一篇从社会史的层面上来解读《红楼梦》的文章,这种开创性视角掀开了红学史上的新篇章,将"红学"研究甚至文学研究推进到一个新时代,有其重要的学术地位。

俞平伯的方法师承胡适实验主义的体系,俞平伯只是征伐以胡适为代表的"资产阶级唯心主义"学术前被拿来祭旗的一个小卒而已。《文史哲》是批胡的急先锋,在得到权力中枢的首肯后,更是"横扫千军如卷席"。《文史哲》1955年第1期专门组织了《红楼梦研究讨论专辑》,专辑收入的17篇文章集中火力对胡适与俞平伯的"红学"观点进行批判。之后,又对胡适的"反动的资产阶级的哲学史观点和方法"、"反动政治思想"、"庸俗进化论"、"实验主义'史学'方法"、"考据方法和校勘方法"、"资产阶级唯心论史学观"、"《西游记》考证"、"《水浒传》考证"、"杜甫诗"、"胡适词选"、"文法的研究法"等,进行了地毯式轰炸。这场对胡适的批判运动以学术领域为主战场,把对传统学术、传统学人的清算从政治思想的层次进入到学术的层次,旧学术观点基本上得到了全部清理,跟随主流话语构建新学术已是传统学人的首要选择。

在推动新意识形态建立的过程中,学术有意无意地被意识形态化了。但学人毕竟是学人,学术刊物毕竟还是学术刊物,《文史哲》

在参与意识形态建立的过程中仍然试图保存自己的学术刊物本色，怀有"百家争鸣"的良好愿望。但从总体上来看，到了50年代中后期，学术在一浪高过一浪的政治运动中已经风雨飘摇，《文史哲》也在所难免地卷入了当时的政治运动。

如果与1949年创办的《学习》杂志作一番比较，《文史哲》的独特风格则更为凸显：《学习》主要是面对广大干部和民众进行意识形态灌输，而《文史哲》则是一份学人通过自己的学术著作、学术观点和学术知识来传播意识形态，推动新主流话语形成的杂志。这种风格对广大学人掌握以唯物史观为主要内容的马克思主义起了积极的推动作用，催生了以马克思主义为指导的一系列新课题。然而也毋庸讳言，在推动意识形态传播的同时，意识形态的价值判断、概念工具等不可避免地进入了学术著述，过多的意识形态使命往往会排除认识上的客观性，学术求真的内在追求势必被忽视，学术含量低的作品也就难免出现。

二

在社会责任感的支配下，出于对现实政治任务的关注，《文史哲》力求把马克思主义的观点作为学术研究的根据、出发点，为中国的社会主义革命和建设作论证。在这种使命的鞭策下，50年代的《文史哲》力图把社会发展形态、阶级斗争等理论引入人文学科的各个领域，通过对多个领域学术课题的分析，试图从中找出规律性的东西，印证马克思主义理论。《文史哲》扶持新生力量，开展百家争鸣,发掘了不少新课题、新领域,成为许多重要学术论争的最早拓荒者,使得许多一向空白的学术领域得到了详细的勘探,一跃成为在学术界登高一呼而应者云集的引导潮流者。因为《文史哲》的研究范围涉及诸多领域,限于篇幅,本文无力对此一一探究,而只是撷取其中最有代表性的几个课题进行评析。

50年代初,绝大多数学者在学习历史唯物论和社会发展史的过程中接受了劳动创造世界、社会形态和社会发展有其规律性等观点,他们试图用之来研究中国历史。这种关切吸引他们将研究的首要问题集中到中国社会形态交替的几个节骨点上,即:马克思说的"亚细亚生产方式"到底指什么?中国奴隶社会何时结束?封建社会何时开始?资本主义何时萌芽?这几个关键问题解决好了,才好解决其他一系列问题。正因为此,中国社会形态问题成为整个史学界乃至整个学术界长期关注的重大课题。《文史哲》在这一系列课题的研究上起到了领头羊作用。

《文史哲》率先"激活"的第一个问题是关于"亚细亚生产方式"问题的讨论。童书业在《文史哲》1951年第4期上发表的《论"亚细亚生产方式"》,是新中国第一篇专门讨论亚细亚生产方式的文章,他赞同郭沫若等人的"原始共产社会说",并对郭沫若的观点作了补充。不久,日知在1952年第2期发表商榷文章《与童书业先生论亚细亚生产方法问题》,提出"古代东方奴隶社会说"。童书业和日知的争论吸引了学术界的注意力,使"亚细亚生产方式"问题成为一个热点话题。《文史哲》率先刊布了关于该问题的一系列代表性观点,成为讨论"亚细亚生产方式"问题的主战场。

继"亚细亚生产方式"问题讨论后,《文史哲》较早在全国开展了关于中国古史分期问题的讨论。这是一场更大规模的社会形态问题讨论,它位列著名的史学"五朵金花"之首。它不仅是确定两种社会制度演变界标的问题,而且涉及中国古代社会的特点和发展规律,包含了一系列重要的史学理论问题。《文史哲》兼容并蓄,为各派论点提供了登高一呼的机会,如童书业的古代东方封建早熟论,杨向奎的西周封建论,吴大琨的战国封建论,以及有些学者所主张的原始社会可以越过奴隶社会而进入封建社会的观点,这些具有代表性的文章基本上都发表在《文史哲》上。在当时最引人瞩目的是魏晋封建说的独树一帜,《文史哲》1956年第3、4、5期连续刊载的王仲荦长篇论文《关于中国奴隶社会的瓦解及封建关系的形成问题》成为系统阐述魏晋封建说的扛鼎之作。后来他还发表了一系列论文全面阐述了魏晋封建说。在《文史哲》的大力支持下,魏晋封建说在古代史分期讨论中格外抢眼。《文史哲》在1951年至1958年间发表了50余篇关于古史分期问题的文章,而成为全国古史分期问题研究的学术重镇,以缩影的形式反映了当时全国讨论的状况,为后来者频频征引。

另一场大规模的社会形态问题讨论是资本主义萌芽问题讨论,这也是"五朵金花"中的一朵。这场讨论在1949年后实际上最早也萌动于《文史哲》。李希凡、蓝翎评论《红楼梦》的文章开了这一问题讨论的先河,此后,《文史哲》深入到资本主义萌芽的发展程度、对阶级结构的影响等具体问题上进行了全面考察。对资本主义萌芽问题的深入研究,促进了学术界对社会经济史,特别是区域社会经济史和部门经济史的研究,发掘了大量的资料,为中国经济史的研究提供了较为详尽的史实,开辟了许多新的领域,近20年来经济史的兴起不能不从这里探根寻源。

除了一系列社会形态研究课题,《文史哲》还成为农民起义和农民战争问题研究勃兴的骨干力量之一。在亿万农民"翻身做主人"后,自50年代尤其1954年开始,学界的兴趣逐渐向农民战争史集中,这个由阶级斗争学说带来的课题是"五朵金花"中的显学。《文史哲》围绕这一问题刊发了近50篇文章。赵俪生是这一课题的领衔人物,其他知名学者也纷纷著文,对旧史学贬斥的"匪"、"贼"进行了大范围研究,对有关农民战争的经过、性质、作用、特点、规律、意义等问题进行了重新整理、评估。在海外学者看来,"可以毫不夸张地说,评价农民运动在中国历史上的作用是今天中国共产主义史学研究中的中心问题","新中国历史研究由于强调了中国农民的革命性以及他们在促进社会变革上的推动作用,从而'从根本上改变了中国历史的语言',建立了评估和重现中国过去历史的标准"①。《文史哲》是这一局面形成的关键性学术刊物之一。农民战争史这一课题肩负有浓重的意识形态使命,但是,这一系列研究使学者们收集、整理了下层民众的各种材料,为今天对下层社会的研究提供了大量的材料。从学术史的演变逻辑上看,这种对下层民众的关注契合了梁启超在20世纪初提倡研究民众史的号召,与国际学术界尤其是法国年鉴学派对下层社会的关注殊途同归,在意识形态背景之后仍有其宝贵的学术价值。

---

① 〔英〕巴勒克拉夫著、杨豫译:《当代史学主要趋势》,上海译文出版社1987年版,第217、222页。

《文史哲》还在社会形态演进学说和阶级斗争学说的支配下，运用新的意识形态话语，对中国哲学、文学遗产进行了清理，对历史人物进行重新评价。（一）对中国哲学史的清理。杨向奎等人评价孔子、孟子、墨子、庄子、荀子、韩非子等先秦诸子以及王弼、康有为等人思想的文章，到1957年形成了一个高潮，这是继郭沫若《十批判书》之后又一次大规模的哲学清理，是从唯物史观的角度重新评价中国先哲的深入。（二）对中国文学史的清理。对中国古代文学的清理以《红楼梦》研究最具代表性。另外两篇代表作是自1954年第7期至1955年第12期分18次长篇连载的陆侃如、冯沅君《中国文学史稿》和1955年第4期至1955年第7期分4次连载的萧涤非《杜甫研究》，前者试图以唯物史观的角度来重新认识中国文学史；后者也用这种立场对杜甫进行了解读，这种大篇幅连载起了浩大的造势作用。对现当代文学的研究形成了鲁迅研究的特色。由于鲁迅是中国共产党的同情者、老朋友，《文史哲》对鲁迅情有独钟，先后就鲁迅的思想、文学成就、文学作品、与外国作家尤其是俄国作家关系等问题展开研究，从各个角度比较系统地阐释了鲁迅，对鲁迅作了很高的评价。华岗是《文史哲》有关鲁迅研究的开创者，他在《文史哲》1951年第1—4期和1952年第1期上连续发表一系列研究鲁迅的文章，从整体上把握了鲁迅的思想，富有理论深度。早期《文史哲》封面上的刊名是集鲁迅字迹而成，创刊号上推出了两篇研究鲁迅的文章，1951年第2期还在封面印上鲁迅的头像（在封面上印人物头像，这是50年代《文史哲》绝无仅有的一次）——可见《文史哲》对鲁迅是何等的偏爱。（三）对历史人物进行重新评估。对历史人物的评价是学术界向来最感兴趣的课题之一,《文史哲》随着整个意识形态的转变,运用唯物史观的基本原理对各类历史人物作出了新的评价,为研究、评判历史人物提供了新视角。《文史哲》在各个领域的耕耘都是富有成果的。

作为学术刊物,《文史哲》倡导新话语、新命题的主动性格外显眼。较之同期的学术刊物《历史研究》,我们会更清晰地看到在后者那里,传统的学术课题仍然占有一席之地,而前者身上的意识形态话语色彩更为突出。但无论意识形态色彩浓淡如何,《文史哲》开展的一系列学术研究在带有意识形态属性的同时,又保持了一定高度的学术性,在意识形态话语后面蕴藏着珍贵的学术内核;在传统学术视野一向空白的领域里,进行了筚路蓝缕的勘探,获取了丰富的材料;从遵循马列主义的基本观点入手来进行研究,从研究方法的角度看,实际是集经济学、人类学、社会学等学理之大成来阐释学术问题,实现了中国学术研究与西方学术研究的初步整合,开启了学术研究的新方向,在传统学术的实证性研究走到尽头之处,迈开了阐释性研究的步伐。这些学术成果是今天学术研究赖以进一步发展的基石,具有不可抹杀的意义。

三

《文史哲》在构建新意识形态的积极主动、在铸造新话语上的大刀阔斧满足了执政党清理思想文化界的需求,形成了自己独特的风貌,引起权力核心的好感和学术界的密切注意,一跃成为同类刊物的佼佼者。这种独特风貌的形成渊源,应从当时整个社会环境和其特殊背景来寻找。

　　就一般背景而言，《文史哲》风格的形成根源于当时学术意识形态化的整体环境。学术之所以意识形态化，有内外两个方向的驱动。从内在驱动上来说，来自中国学人自古即有的经世情结。在"国家兴亡，匹夫有责"的责任感的驱动下，学术往往会承载结合现实、服务政治的使命，这种使命乃是学术不容置疑的"正当理由"。而就20世纪中国来讲，"救亡图存"的革命思潮是影响这一百年的主旋律，在50年代，这种思潮并未衰减，这种内在驱动更为强劲。当时，国内战争的硝烟刚刚散去，抗美援朝旋又开始，西方的仇视、国民党残余势力的侵扰等等使得政治问题格外突出，使得人们继续从"阶级斗争"的视角去观察、分析解决现实的问题。在革命的激情迸发和尚未褪色的年代，学人们有主动参与新意识形态建立过程的热情和愿望，唯物史观特别是社会形态学说、阶级斗争学说因其强大的解释力成为学者们最热衷的部分。这是其一。其二，就外在驱动而言，政治经济的大转折导致了意识形态领域和思想文化领域的沧海桑田，逐渐形成了以高度集中和行政命令为特征的以领袖言论定是非的思想文化体制；高等学校的院系调整更把原来相对自由的学人凝固在国家体制机器上。在内外的双重作用之下，新意识形态的观点很自然地成为学术界的轴心。具有渊博知识的政治家毛泽东一向关注思想文化领域的动态，他虽然不是职业学者，但他从现实政治斗争角度出发提出的许多论断，有着不可抗拒的独特魅力，对学术界也很有启发，然而一旦成为覆盖、支配学术界的一言九鼎的规范性观点，作为最终评判的结论和标准，也就带来了不可忽视的负面影响；而把学术讨论当成推动政治运动的工具,更导致了不少悲剧的上演。与整个50年代的社会大背景息息相关,《文史哲》必定烙上这些时代的印痕。

在同样的社会背景下,《文史哲》之所以异军突起,自然又有它自己独特的"家世"背景;政治理论宣传家掌舵、学坛名流为左膀右臂的编辑班底使得《文史哲》在意识形态与学术的结合上如鱼得水,众多著名学者的加盟和青年学者的脱颖而出更是锦上添花。

社长华岗是《文史哲》风格的奠基人。他长期从事党的理论和宣传教育工作,是我国早期运用马克思主义研究历史和哲学的学者之一。抗日战争和解放战争时期,华岗在国民党统治区从事宣传和统战工作,担任中共在国统区的喉舌《新华日报》总编辑、中共南方局宣传部长等职,富有理论宣传的经验。全国解放后,他到山东大学主持党政工作,同时还兼任中国史学会理事、《哲学研究》编委、《文史哲》杂志社社长等职。华岗是一个坚强的革命活动家,也是一个学识渊博、在国内外有影响的学者,他对许多领域都进行过研究,特别对哲学和史学兴趣更为浓厚。他的这种研究兴趣,主要不是停留在书本上,而是出于革命斗争现实的需要。在山大主政后不久,华岗即以高度的政治敏感和学术敏感倡导创办了《文史哲》杂志,并为这份刊物倾注了大量心血:首先是严格把关,身体力行。他不仅亲自审定每期文章,而且亲自上阵,笔耕不辍。他的文章紧紧围绕确立新意识形态主导地位这一根本而作,在50年代《文史哲》,见刊率最多,影响最大,涉及领域最广,对于学者们"联系思想实际和业务实际学习马克思主义,起了重要的促进作用,为五十年代初期在《文史哲》上开展学术讨论提供了思想武器"。其次是推陈布新。他鼓励传统学人运用唯物史观联系自己学术思想,批判唯心史观,重新研究中国古代文化遗产。再次是提倡"百家争鸣"。华岗坚持商榷探讨的学风,鼓励发表各种意见,还希望被批评者参加讨论,进行答辩。"当时有些教授不大明确学术和政治问题的界限,不敢同持西周封建论的人争鸣,总想听听他的意见。其实,他在《中国历史翻案》一书中是持西周封建论的,但他总是鼓励持不同意见的人写文章。"① 华岗的鞠躬尽瘁对《文史哲》风格的形成奠定了基础,带动了山大学术的繁荣。

《文史哲》的编辑及其作者群的学术实力保证了杂志的学术水平。《文史哲》集合了杨向奎、童书业、陆侃如、冯沅君等数十名学界精英,他们受过传统的学术训练,学养精湛,又接受了新意识形态的洗礼,对新社会形态的到来充满热忱,富有激情,怀着强烈的创作欲望,一时间文思泉涌,成为《文史哲》的骨干力量和来稿的可靠保证,为刊物奠定了雄厚的学术基础。当时在学术界能掀起那么多的具有相当深度的讨论热潮,与这些学者的素养密不可分。另一方面,《文史哲》又一贯重视青年学者的培养,这些"小人物"不畏权威,勇于挑战,与学术大家组合成一个良好的作者队伍结构,给刊物带来勃勃锐气,使《文史哲》既有强劲的弓弦,又有锐利的箭头。

《文史哲》风格的形成也与山东大学注重"思想政治教育"的校风有关。这种校风的形成来自当时弥漫社会的整个的精神气候、氛围、一般趋向;另一方面也有当时学校重新组建的背景。原隶属于国民政府教育部的国立山东大学于1949年6月被军管小组接管

---

① 葛懋春:《回忆早期〈文史哲〉杂志社社长华岗同志》,《文史哲》1982年第4期。

后，接着又和中国共产党创办的、短期训练班式的政治大学——华东大学于1951年3月合并。华东大学主要的任务是培养各类急需的党政干部，师生在意识形态、政治上的自觉意识更为强烈。例如，李希凡、蓝翎就是作为华东大学的学生而并入山东大学，成为新中国成立后山东大学的第一届学生。军管小组的进驻和华东大学师生的到来深深影响了整个学校的风气，形成了重视思想理论建设、积极构建新意识形态的氛围。

《文史哲》在1950年代的行程留下了中国学术史上既绚丽又意味深长的一笔。从刊物自身发展史和山东大学校史上讲，它收获了累累硕果，留下了一段值得后人津津乐道的佳话；从整个中国学术的发展史上讲，它又为人们研究和把握政治与学术的互动关系提供了一个值得反复玩味的话题。从理想的境界上说，学术有其自身发展的逻辑，学者在从事学术研究时应追求真理，严格遵循学术尺度，不计学术之外的利害。不如此，现实的利害关系就会严重影响是非的判断，感情立场就会排挤理性立场，就会出现按照现实的需要来剪裁学术的倾向，就会使得外在因素压抑学术的独立性格，甚至会葬送学术。判断纯学术境界程度的标准，就是看它能在多大程度上独立于各种权势话语，能在多大程度上建构属于自己的场所或领域，不再自觉或非自觉地亦步亦趋充当工具。学人应将自己的治学之本定位在纯学术的境界，学术应有这样的追求。然而，学术是现实的学术，它无法脱离于现实环境，"真空"里的学术是不存在的。在现实利害直接或间接影响学术的时候，相对政治、经济等其他社会要素，处于弱者地位的学术往往不得不在利害间进行权衡，在被要求服从现实需要中艰难生存，难以扮演独立的角色，纯学术的境界实现的程度只是尽可能无限趋近,而不是一定能完全达到。在政治是主导性因素的社会里,政治气候的变更对学术气候的影响尤为巨大。在这种学术与政治的紧张之中,学术常常会在求真与情感、理性与价值的冲突中被扭曲。从这个层面上讲,健康的学术研究需要寄希望于外部环境的改善。但是,同样值得注意的是,在权势话语下,学术也并非就完全无所作为,学术研究本身也不是完全由外部因素决定的结果。《文史哲》在1950年代的成就在今天的学人看来可能已经显得幼稚,但是在整个社会的大背景中对时代课题的关注,在意识形态诉求中对学术的坚持和发掘,对新生力量的培养,仍有大量值得后人揣摩的东西。

(原载《文史哲》2001年第4期)

附录二

学术期刊在政治运动中的命运沉浮
——以《文史哲》、《江海学刊》的停刊和复刊为例

王晓华

学术与政治关系密切是学界一致认同的问题，同样，作为学术成果展示舞台的学术刊物与政治的关系也是密不可分的。学术期刊与学术一样，希望在保持学术独立性和科学性的同时，能配合当时的政治形势为现实斗争服务，结果往往却是这样：学术期刊在保持学术独立性和科学性的同时，它的革命性就大大削弱和降低，这无疑是不适应当时的某些政治运动气氛的，导致最后结果的几乎总是学术期刊的停刊。当政治环境正常，学术空气浓厚时，学术期刊再度复刊，为学术的独立性和科学性继续奋斗。这种情况在新中国成立后至"文革"前表现得较为激烈。本文拟就《文史哲》和《江海学刊》的停刊与复刊为例加以阐述，表明学术期刊与政治运动的密切关系。[①]

[①] "文革"中，几乎一切学术刊物都被停刊，无任何学术性可言，所以本文论述范围不涉及"文革"时期的一些刊物的停刊和复刊。

一

著名学术刊物《文史哲》和《江海学刊》曾在建国后至"文革"前这段历史时期中,一度停刊和复刊,而《江海学刊》曾两度停刊①,其中原因很复杂,但最主要的原因则是当时的政治环境的影响。

《文史哲》自1951年创办后,在学术界的影响日益增大,为学术的发展作出了重大的贡献。但是,在1958年的最后一期《文史哲》中,登出了自1959年1月起停刊的启事。究其原因,主要是为了配合1958年工业、农业和商业上的"大跃进"运动而在知识界掀起的"兴无灭资"、"拔白旗,插红旗"的运动使得《文史哲》无法再正常发展下去。学术的发展是与政治环境息息相关的,表达学术成果的学术刊物的兴衰也是与政治环境不可分割的。作为当时最具影响力的学术刊物《文史哲》也逃不过政治环境的影响。为了配合科学文化上的"大跃进"和响应陈伯达"厚今薄古"的号召,《文史哲》刊登了大量的非学术文章,并对一些专家和学者进行了激烈的政治批判。据统计,1958年《文史哲》共出版了12期,其中关于"反右"斗争的文章17篇,关于思想批判的文章23篇,也就是说,平均每期就有三四篇思想政治批判的文章在内,这对于以"繁荣学术、提倡争鸣、奖掖青年学者"为宗旨的《文史哲》来说,无疑是违背初衷的。即使如此,依然还有人认为《文史哲》在

---

① 编者按:本文作者对《文史哲》第二次停刊、复刊情况有所疏漏。《文史哲》1966年7月至1973年10月再度停刊,1973年11月复刊第1期杂志出版。

贯彻"厚今薄古"方针上做得不够。有文章指出:"《文史哲》近几年所刊载的文章,绝大多数都是古代史、古典文学、古代哲学史的文章,近代和现代史,近代和现代文学,近代和现代哲学史的文章非常少","《文史哲》在过去很少配合各种政治运动,有时甚至一点也不配合,产生'为学术而学术'的倾向"。之所以这样,主要就是"办刊物的资本主义思想和资产阶级学术思想在作祟"和"山东大学文科教师的'厚古薄今'的倾向"。① 一方面在为政治服务中而扭曲了自己创办刊物的宗旨,一方面还被指责在政治运动中表现得不好,在这双重压力之下,停刊似乎是《文史哲》最好的选择。

与《文史哲》命运相似的刊物还有《江海学刊》。

《江海学刊》是由当时江苏省哲学、社会科学学会联合会(筹委会)主办的哲学、社会科学综合性月刊,创刊于1958年3月。《江海学刊》创刊的时候,也正是"全国人民正在为在十五年或者更多一点时间内在钢铁和其他主要工业产品产量方面赶上或者超过英国和提前实现全国农业发展纲要(修正草案)而奋斗,社会主义建设的积极性和创造性空前高涨,形成了一个大跃进的高潮"② 的时候。因此,江苏省哲学社会科学界为了适应形势而创办了《江海学刊》。其目的就是"用以加强自我教育,促进学术的繁荣,服务于伟大的社会主义事业"③。《江海学刊》把"理论联系实际"和坚

---

① 赵华富:《谈谈〈文史哲〉"厚古薄今"的倾向》,《文史哲》1958年第6期。
② 《〈江海学刊〉创刊词》,刘宏权、刘洪泽主编:《中国百年期刊发刊词600篇》(下),解放军出版社1996年版。
③ 同上。

持"百花齐放,百家争鸣"作为自己的宗旨和方针,为学术的发展辛勤耕耘。但令人遗憾的是,《江海学刊》在出了10期以后与《文史哲》一样也于1959年停刊了。究其原因主要在于对1958年的政治运动的形势没有把握好,其所刊出的文章没有能够跟上形势。在当时的"兴无灭资"、"拔白旗,插红旗"、"厚今薄古"的资产阶级和无产阶级两条道路的你死我活的斗争环境下,任何脱离政治的学术都是无法独立生存的,因此《文史哲》和《江海学刊》只有停刊整顿。

二

自1958年人民公社化运动和"大跃进"兴起后,中共中央和毛泽东先后发现在大办人民公社中出了乱子,并认为党内有不少人有一大堆混乱思想,主要是混淆了社会主义与共产主义的区别。为此,毛泽东和中共中央自1958年11月至1959年7月连续召开了郑州会议、武昌会议、八届六中全会、第二次郑州会议、上海会议以及八届七中全会,重点讨论高指标和人民公社化运动中出现的问题。通过这一系列会议,以高指标、瞎指挥、浮夸风和"共产风"为主要标志的"左"倾错误开始得到纠正,党对社会主义的客观经济规律的认识也进一步深化,并提出一些正确的思想。这对哲学社会科学界也产生了重大影响。刘导生撰文《社会科学工作者当前的新课题》说:"一年来,我们国家发生了巨大变化,我们社会科学工作者深深感到思想跟不上,并且出现了不少混乱思想,我们应当首先认真学习党的八届六中全会的文件,用文件的精神来武装自己,澄清各种混乱思想,以统一我们的思想认识;通过学习来提高我们的马克思列宁主义的理论水平,使我们的理论和知识和当前活生生的现实结合起来,进一步领会马克思列宁主义原理的实质;同时,我们还要根据《决议》上所提出的一系列重大的理论问题,提出我们新的研究任务。这也就是要求我们在党的总路线指导下,抓紧当前的理论问题来开展研究工作,以便更好地为当前社会主义建设服务。"①

在上述背景之下,学术界也开始对前一阶段中的"左"的错误倾向进行了纠正。学术界又恢复了以往的正常空气。借此机会,《江海学刊》于1960年复刊了。复刊后的《江海学刊》除了把"理论联系实际"和"双百"方针作为自己的办刊宗旨之外,还着重强调了"厚今薄古、古为今用"的原则。这是鉴于1958年《江海学刊》办刊失误所得的经验。《江海学刊》在《复刊词》中说:"根据'厚今薄古、古为今用'的原则,本刊也将以一定的篇幅登载具有一定质量的整理祖国科学文化遗产的文章。我们并不轻视古代遗产,只是要求古代遗产的研究工作能从当前社会主义革命和社会主义建设实践的要求出发,以马克思列宁主义的立场、观点、方法,遵循毛泽东同志的原则指示,来正确鉴别、评价古代遗产,剔除糟粕,吸取其精华,以便我们在社会主义科学文化建设中,能够批判地利用这些遗产。"②

---

① 刘导生:《社会科学工作者当前的新课题》,《新建设》1959年第1期。
② 《复刊词》,《江海学刊》1960年第1期。

复刊后的《江海学刊》在不断发表学术性的文章之外,还积极参与了1960年的批判尚钺所谓的"修正主义"观点的运动,把学术和政治结合起来办刊。《江海学刊》对1960年的工作进行总结时说:"1960年过去了。在党的亲切关怀和指导下,在作者和读者的大力支持下,《江海学刊》顺利出了十二期。在这十二期中,我们发表了一百四十一篇文章。这些文章,在阐扬马克思列宁主义和毛主席著作上,在批判现代修正主义和资产阶级思想上,在讨论学术问题促进科学研究上,还起了一定的作用,这是我们差可自慰的。"①

三

继《江海学刊》复刊后,《文史哲》在沉寂了两年之后,也于1961年复刊了。这与当时"双百"方针的再度提出是分不开的。

1961年1月中共八届九中全会确定了"调整、巩固、充实、提高"的调整方针,对前一段政治、经济、文化方面所存在的问题进行全面清理。在文化政策上,重申"双百"方针,制定了《科研十四条》、《高教六十条》和《文艺八条》等方针政策。《文艺八条》明确规定,"百花齐放,百家争鸣"是发展我国社会主义文学艺术的根本方针。

《文史哲》在1961年第1期的《复刊词》中这样说道:"它的

---

① 《致作者和读者》,《江海学刊》1961年第1期。

复刊不是偶然的。在党的'百花齐放，百家争鸣'方针指导下，近几年来，山东学术界和全国一样，在研究文学、历史以及哲学等方面的理论和实际问题中，提出问题，发表不同意见，进行自由讨论的空气，日益活跃起来。特别是1961年春季，党号召进一步贯彻执行'百花齐放，百家争鸣'的方针，山东省委召开了'双百'方针座谈会之后，山东省学术界的学术讨论、学术研究活动，随之出现了新的气象；这种情况迫切需要及时开辟一个自由讨论，百家争鸣的园地。"在这种背景之下，《文史哲》复刊了。复刊后的《文史哲》除了坚持贯彻学术研究上的"百花齐放，百家争鸣"的方针之外，还特别指出要"宣传、介绍、研究和探讨马克思列宁主义、毛泽东著作，特别是关于文学、历史、哲学等方面的理论；要求以马克思列宁主义、毛泽东著作作为武器，进行文学、史学和哲学等方面的研究，并批判这些方面的资产阶级学术思想"[①]。这与复刊后的《江海学刊》很相似，也是吸取和总结1958年办刊的经验和教训所得来的。

在"双百"方针的鼓舞下，《江海学刊》在1961年第1期上的《致作者和读者》的信中说："一九六一年是《江海学刊》复刊的第二年。在这一年，我们打算发扬已有成绩，继续刊登一些适应形势、结合实际、更深入地阐扬马克思列宁主义和毛主席著作、研究我国社会主义革命和社会主义建设中理论问题的文章。我们也打算克服过去一年工作中的缺陷，增加本刊的学术内容，多刊登一些研究哲学和各门社会科学中学术问题的文章。在文体上，我们也打算

[①]《复刊词》，《文史哲》1961年第1期。

进一步多样化,除了论文以外,还穿插一些杂文、札记、随笔等等体裁的文章。我们希望《江海学刊》的革命性和科学性同时得到加强。"由此可见,《江海学刊》在过去办刊的一年中已经意识到自己所刊登的文章是政治革命性大于学术科学性,所以才有意识地提出要在以后的办刊中多增加学术性文章的分量,但革命性又不能丢弃,只好希望《江海学刊》的"革命性和科学性同时得到加强"。事实证明,《江海学刊》在1961—1962年的这段历史时期中,所刊登的学术文章远远多于政治批评性的文章。在反思1958年"史学革命"运动和批判非历史主义、提倡历史主义的学术活动中起到了积极的推动作用。

四

政治风云多变幻。20世纪60年代初期,国际和国内出现了一些错综复杂的情况。国际上,中苏关系恶化,中印边界发生冲突。国内方面,台湾海峡形势紧张,社会上犯罪现象也有所增加。对于这些在一定范围内出现的紧张形势和矛盾激化的暂时现象,毛泽东作了扩大化和绝对化的估计。尤其严重的是,当时中国共产党内对经济形势和应当采取的政策措施的认识分歧,以及由于"大跃进"运动和人民公社化运动带来的干群关系不正常的问题,也统统被毛泽东当作阶级斗争的反应。1962年9月,毛泽东在中共八届十中全会上断言:整个社会主义历史阶段资产阶级将存在并企图复辟,它成为党内产生修正主义的根源;并强调阶级斗争问题要"年年讲,月月讲"。从此,中国共产党在阶级斗争理论和实践上的错误,日趋严重地发展起来。阶级斗争绝对化、扩大化错误的发展,不仅严重限制和削弱了政治体制和经济体制的发展,同时也冲击了意识形态领域的学术文化的发展。60年代初期意识形态领域(主要是文艺界和学术界)出现的活跃气氛如同昙花一现,只维持了一个短暂时期,就又被政治大批判斗争所代替。

1963年5月6日、5月7日,《文汇报》发表《"有鬼无害"论》的文章,批判孟超的剧本《李慧娘》和繁星的文章《有鬼无害论》。后来接踵而至的批判斗争表明,《文汇报》的文章是一系列政治大批判的公开信号。从此,文艺界对一大批小说、电影、戏剧等文艺作品进行了批判,学术界则接连进行了对杨献珍的"合二而一"论、孙冶方的经济思想、翦伯赞的"非阶级观点"的错误批判。这样一来,学术界就面对着艰难的选择:要么配合政治斗争的形势,使学术为政治斗争服务,这样无疑违背了学术的科学性和独立性;要么置身于政治斗争之外,不问世事,为学术而学术,但多年的实践表明,这在中国是行不通的。在这种情况下,以学术性为宗旨的学术刊物似乎只有停刊这一条路可走。《江海学刊》就是如此。1964年9月《江海学刊》刊出了最后一期。编辑部在每一本杂志上都附载了一封致读者和订户的声名:本刊今年出至九月号为止。凡预订全年或今年第四季度本刊的读者,请径向当地邮局办理退订手续。① 这样,《江海学刊》继1959年停刊之后,再度停刊,直至1982年才重新复刊。当1966年"文革"开始后,《文史哲》、

---

① 《江海学刊》1964年第9期。

《江海学刊》以及其他许多学术刊物都被迫停刊了。"我国科学文化事业遭到严重的摧残,学术交流和出版事业遭受严重的破坏,大部分刊物停刊,社会科学方面的期刊几乎被扼杀殆尽。据统计,1971年全国性和地市一级的期刊只有77种,仅是'文革'前夕的1965年的十分之一。"①

结 论

通过新中国成立后至"文革"前《文史哲》、《江海学刊》的停刊和复刊原因的探析,可以看出,政治因素对学术的影响是巨大的。当政治空气良好的时候,学术发展可以真正达到"百花齐放,百家争鸣"的繁荣景象,但是,当政治空气恶劣的时候,学术很可能就成为政治斗争的工具而遭歪曲和践踏,因此,在进行学术研究的时候,一定要处理好学术与政治的关系。学术在为现实服务的同时,一定要保持其科学性,不能因为为了现实服务的革命性而牺牲了科学性。作为表达和展示学术成果的学术期刊也是如此。

(原载《兰州学刊》2006年第7期)

---

① 刘宏权、刘洪泽主编:《中国百年期刊发刊词600篇·前言》,解放军出版社1996年版。